重庆市教育云课堂优秀案例集

CHONGQING SHI JIAOYU YUNKETANG YOUXIU ANLIJI

钟苇笛 主编

西南师范大学出版社
国家一级出版社 全国百佳图书出版单位

图书在版编目（CIP）数据

重庆市教育云课堂优秀案例集 / 钟苇笛主编. — 重庆：西南师范大学出版社, 2018.7
ISBN 978-7-5621-9438-5

Ⅰ. ①重… Ⅱ. ①钟… Ⅲ. ①课堂教学 – 教案(教育) – 中小学 Ⅳ. ①G632.421

中国版本图书馆CIP数据核字(2018)第141386号

重庆市教育云课堂优秀案例集

钟苇笛　主编

责任编辑：赵　洁
书籍设计：汤　立
排　　版：重庆大雅数码印刷有限公司 · 张艳
出版发行：西南师范大学出版社
　　　　　地　　址：重庆市北碚区天生路 2 号
印　　刷：重庆荟文印务有限公司
幅面尺寸：185 mm × 260 mm
印　　张：15.75
字　　数：300 千字
版　　次：2018 年 12 月 第 1 版
印　　次：2018 年 12 月 第 1 次印刷
书　　号：ISBN 978-7-5621-9438-5

定　　价：48.00 元

全国教育信息技术研究“十二五”规划2014年度重点课题
“中小学云课堂教学应用策略研究”（编号：143922222）成果

编委会

序

近十年，移动互联网、大数据、云计算、人工智能等新一代信息技术的迅速发展对教育产生了革命性影响。习近平总书记今年在北京大学师生座谈会上的讲话中指出：“随着信息化不断发展，知识获取方式和传授方式、教和学关系都发生了革命性变化。”党的十九大以后，教育信息化进入了 2.0 时代，教育信息化作为教育系统性变革的内生变量，支撑并引领着教育现代化发展，推动着教育理念更新、模式变革、体系重构。展望未来，面对面学习和网络学习、课内学习与课外学习、学科学习与综合学习的一体化，将逐步构建起网络化、数字化、智能化、个性化、终身化的教育体系，即“互联网 + 教育”的新形态和新业态。

在基础教育阶段，学生的学习大约由 16800 节课构成，没有课堂的质量就谈不上学生的发展，因而，课堂变革是人才培养模式变革的重中之重。鉴于课堂教学的多元化和复杂化，用实验的方式探索信息化背景下知识的获取方式、传授方式以及教和学关系的新变化，总结促进学生发展的教学模式，是课堂变革的必由之路。“重庆市探索推进云课堂项目教学应用” 就是这样一个具有前瞻性和探索性的实验项目。云课堂是基于云计算技术和数据技术的一种高效、便捷、实时互动的课堂教学环境，师生可以通过互联网同步分享数字资源，形成个性化学习的新型教学组织方式。云课堂在教学中的应用目前无成熟的先例可循，参与项目的学校和教师在实践中大胆探索、勇于创新，经过多年的不懈努力，在转变教学方式、提高教育质量和促进教育均衡等方面取得了可喜的成绩。项目培养和锻炼了一批勇于实践创新的优秀教师，形成了一批云课堂教学应用的典型案例，探索总结了可推广的云课堂应用教学模式。这次正式出版的《重庆市教育云课堂优秀案例集》就是该项目的一项丰硕成果。本人有幸参与了项目的推进工作，作为参与者和见证者，由衷地为项目取得的成绩感到高兴。祝愿重庆的同志们百尺竿头，更上一层楼，为促进教育信息化从融合应用向创新发展的转变做出新贡献。

蒋鸣和

（上海市教育科学研究院二级教授）

2018 年 11 月

前言

云课堂是充分利用云计算技术，以无线互联网与平板触控技术为支撑，通过配备丰富的数字化学习资源、教与学互动学习平台和移动终端，开启以学生为中心，自主、探究、互动、协作和个性化学习的新型课堂形式。其主要目标是推进新技术、新理念、新模式、新媒体、新产品在教学实践过程中的有效应用，变革教师“教”与学生“学”的方式，创新数字化教学模式，提高课堂效率和教育质量，努力让每个孩子都能享有公平而有质量的教育。云课堂代表着教育信息化教学创新应用的发展方向，成为实现教育“三个转变”（从以教为中心向以学为中心转变；从以知识传授为主向以能力培养为主转变；从以课堂学习为主向多种学习方式转变）的重要引擎，是推动教育信息化教学深度融合、创新引领、生态变革的重要抓手。

几年来，在重庆市教委的领导下，在各区（县）教委、技装中心（馆、站）和学校的重视下，我们坚持“试点先行、典型引路、以研促用、以用促建”的思路，采取专家引领、示范带动、培训驱动、活动推动、课题深化等举措，有序、有力、有效推进。星星之火，可以燎原。从学校、区域化及大规模化试点，到 2016 年全面推广应用，云课堂呈现出良好的发展势头，取得了“三个明显变化”：教师观念明显转变，告别了云课堂项目“云里雾里”的状态，教师对云课堂的运用从模糊到清晰、从观望到主动、从生疏到熟练；建设明显加快，从 2010 年试点开始到现在，云课堂教室的建设如雨后春笋，每年建设数量都大幅度增长，建设方式呈现出百花齐放的局面，区域化、整体化建设成为趋势；成效明显突出，锻炼并培养了一大批云课堂教学应用优秀教师，探索形成了一些云课堂教学应用经验和模式，积累了一批云课堂教学应用典型案例。云课堂对全市深化课程改革、推动信息技术在课堂教学中的广泛应用、变革教师“教”与学生“学”的方式、创新数字化教学模式、减负提质、实现公平教育等方面起到积极作用，真正让教师减轻教学负担、让学生快乐学习成长、让家长省力省心，有助于办好公平优质教育。

由于受篇幅所限，本书主要收集了近年来大家在云课堂教学实践创新应用中涌现的典型优秀案例，希望大家能对书中的某个点感兴趣，去挖掘更多的精彩！同时也希望大家在云课堂道路上且行且思、相伴成长！

编 者

2018 年 4 月

目录

Contents

第一编 论 文

第二编 教学案例

附　件

第一编

论 文

云课堂教学应用探索与实践

——浅谈云课堂环境下的“不变”与“变”

文祯武[①]

摘要：教育有“云”，课堂更精彩。云课堂是将新技术、新理念、新模式、新媒体、新产品充分运用在课堂教学中的新生事物。在云课堂教学应用探索与实践中，充分认知云课堂与传统课堂环境下的“不变”与“变”，拨云见日，打破其神秘感，能够增强教师信息化教学技能，并更好地驾驭云课堂教学，创新数字化教学模式，变革教与学的方式。从而，让教师更便捷、更轻松、更幸福地教学，让学生更全面、更有个性、更快乐地学习。

关键词：云课堂；探索；实践

当今世界，科技进步日新月异。互联网、云计算、物联网、大数据等现代信息技术深刻影响、改变着人类的思想、生产、生活、工作、学习方式，使人们无不感慨“技术为先，引领发展”。近年来，信息技术在教育领域的广泛应用，给教育理念、教学手段、教学过程、教育方法和模式都带来了很大的变化，甚至产生了革命性的影响。特别是在我市云课堂试点项目教学应用的推进进程中，教与学的方式得到了极大的改变。随着智慧校园的建设，云课堂需要大面积推广，但大家在认识理念等方面还存在障碍，有误区、有疑惑、有迷茫。因此，笔者主要从认识理念与实践观念两方面浅谈云课堂与传统课堂环境下的“不变”与“变”，拨云见日，打破其神秘感。

① 重庆市教育信息技术与装备中心

从而，让教师们得心应手，更好地驾驭云课堂，让教师更便捷、更轻松、更幸福地教学；让学生更全面、更有个性、更快乐地学习。

一 云课堂的认知

云课堂是学校教育教学的新型课堂形式，是充分利用云计算技术，以无线互联网与平板触控技术为支撑，通过配备丰富的数字化学习资源、教与学互动学习平台和移动终端，开启的以学生为中心的自主、探究、互动、协作和个性化学习的形式。云课堂必将在深化教育领域综合改革、转变教师观念、推进课程改革、变革教与学方式、打造卓越课堂、减负提质、实现公平教育等方面起到积极作用。

图1 云课堂教室

信息化教育是信息时代教育发展的必然趋势，信息化教学是信息化教育的主体和核心。云课堂是代表教育信息化教学应用发展方向的必然。推广云课堂，实际是在变革发展中做“面向明日的今日教育”。今天的教育教学怎么教？是适应，还是仅仅跟进？笔者认为更重要的还是要发挥“引领”作用，引领教育教学方式变革。同时，不仅要重视效果，更要重视效率和效益，让教师减轻教学负担，让学生快乐学习，让家长省力省心，办好公平优质教育。

二 云课堂环境下的“不变”

云课堂遵循教育的宗旨、教学的规律、发展的本质，与传统教育教学的课堂相比，主要遵从“三个不变”。

（一）教育的本质“不变”

无论是云课堂还是传统课堂都必须遵从教育的本质，其责任必须以引导学习者“成人”作为第一要务，以发展人性，培养人格，改善人生为目的。马克思曾说：“教育绝非单纯的文化传递，教育之为教育，正是在于它是一种人格心灵的唤醒。”德国著名教育学家斯普朗格曾说过："教育的最终目的不是传授已有的东西，而是要把人的创造力量诱导出来，将生命感、价值感唤醒。"著名哲学家雅斯贝尔斯在他的《什么是教育》中指出："教育的本质意味着一棵树摇动另一棵树，一朵云推动另一朵云，一个灵魂唤醒另一个灵魂。"因此，教育本质的核心所在就是"引导"和"唤醒"。

（二）学校的功能"不变"

学校是教育活动的组织机构，是制度化学习和在家庭之外实现社会化的第一步，是社会学习的重要组成部分。学校承担着贯彻教育方针、教育教学标准和育人的重要职能。无论是云课堂还是传统课堂都是学校教育的呈现方式，都不能改变其学校的功能。云课堂的出现，起到进一步弥补学校功能的作用，为学校注入生机及活力，有助于破解教学质量提高难，教育发展不公平、不均衡等教育中的热点、难点问题。

（三）教师的职责"不变"

教师是太阳底下最崇高的职业，是人类灵魂的工程师。无论是在传统课堂还是云课堂环境下，教师都承担着教书育人的神圣职责，担负着"传道授业解惑"的使命，辛勤耕耘，默默奉献，以无私奉献的精神去感染人，以渊博的知识去培育人，以科学的方法去引导人，以真诚的爱心去温暖人，以高尚的师德去影响人，以优秀的成果去鼓励人，以完美的人格去塑造人。云课堂教学运用再先进的技术、再高级的软件，也无法替代教师的言传身教；再多彩的视频、再精美的画面，也无法替代面对面、手牵手的温暖鼓励。因此，无论变成什么课堂形式，教师的职责都不会改变。

三 云课堂环境下的"变"

云课堂是信息技术发展且渗透、融合于教育教学全过程的一种新型课堂教学形式，与传统课堂相比，主要凸显"三大变化"。

（一）课堂教学环境"变"

传统课堂采用的是"一支粉笔 + 一块黑板 + 一张嘴"的单调教学方法；云课堂不仅有多媒体教学场景，还有网络、丰富的教学资源、支撑教与学的互动平台及学习终端设备等。云课堂教学环境既解决了教师"教"的信息化环境，同时也解决了学生"学"的信息化环境。其核心价值是不仅要让学生掌握信息技术，还要让学生通过信息技术掌握更全面的知识，并培养其综合能力，包括学生获取信息资源的能力、分析能力、处理能力、沟通协作能力、语言表达能力和数字化素养等。

（二）课堂教学理念“变”

云课堂是以网络教与学互动平台为支撑，以学生自主学习为基础，以课堂为舞台的新教学环境。新的教学环境迫使教师转变教学思想、观念和理念，建构与之相适应的教学新思想、新观念、新理念。只有这样，才能更好地驾驭课堂教学，彰显云课堂的优势和作用，提高课堂效率，提高教育教学质量。具体在课堂教学实践中要实现“三个转变”的理念：从以教为中心向以学为中心转变；从以知识传授为主向以能力培养为主转变；从以课堂单一学习为主向多种学习方式转变。

（三）课堂教与学方式“变”

云课堂需要在“三个转变”的教学理念指导下，打破传统教与学的固定模式，重组教与学流程，构建新环境下的课堂教学生态，真正实现教学手段、教学内容、教学方法、教学过程、教与学方式和教学模式的变革，形成自主、合作、协作、探究、互动式的个性化学习氛围。做到精准教学，消除学生学习差异，实现教育公平，整体提高教育教学质量，具体如表 1 所示。

表 1 传统课堂与云课堂教与学方式的变化

表现方面	传统课堂	云课堂
教学课堂地位	以教师“教”为中心	以学生“学”为中心
学生学习状态	被动接受学习	主动参与学习
学生学习方式	个体独立学习	合作、探究、协作学习
学习内容	基于知识的学习	多元化知识学习
教学媒体	单一媒体	多媒体
学生的发展	单方面发展	综合培养，多方面发展

教育有“云”，课堂更精彩。让我们共同探究云课堂教学应用，助力教与学的方式变革，使课堂教学由“数字化”向“云端化”发展，创新数字化教学模式，促进信息技术与教育教学的深度融合，整体提升教育信息化水平，为建设“人人皆学、处处能学、时时可学”的学习型社会奠定坚实基础。

云课堂重塑语文个性化学习

——以《乡愁》云课堂教学为例

张杭美[①]

摘要：近年来，新媒体、新技术在教育教学中的广泛应用，推动了传统教育向精细化、多样化和个性化方向发展，基于互联网和学习平台的云课堂个性化教学日渐成为提高教学实效的重要抓手。本文以《乡愁》教学设计与感悟为例，充分展示教师如何在云课堂环境中引导学生开展语文个性化学习；努力摆脱过去学生是知识接收者，教师是问题解答者和诵读训练者的单一学习模式；深入探讨如何以学生“学”为中心，构建“自主、合作、探究”的学习模式；积极推动云课堂重塑语文个性化学习，点燃师生智慧的火花。

关键词：云课堂；重塑；个性化学习

云课堂教学环境带给学生的不仅是一台学习终端，更重要的是给予师生一种全新的学习方式。在无线互联、平板触控技术、数字资源、互动平台、智能终端和电子白板等构建的数字化环境中，学生能随地、随需、随时自主开展个性化学习活动。当自主学习遇到问题和困难时，老师、父母和同伴都能跨越时空进行讨论、互动和交流。这种全新的学习方式变革着传统教学过于强调单向灌输式的学习，重塑着中国古已有之的个性化学习——因材施教，使学生根据个体需要，以适合的方式各具特色地发展。

---

① 重庆市教育信息技术与装备中心

“一千个读者眼中有一千个哈姆雷特”，笔者执教台湾诗人余光中的现代诗歌《乡愁》时，借助新技术支持下的云课堂教学环境，大胆突破“字词—主题—语言—手法”的传统流程和教法，提供给学生丰富多样的数字化学习资源，积极鼓励学生自主学习、发现和探究。在探究“乡愁情味”的语文云课堂上，师生真正从传统的“诵读”走向了精彩的“思辨”和“自主”，学习氛围热烈、情绪高涨。

一 教学背景

“云课堂”源于“一对一数字化学习”（One to One Digital Learning）这一全球数字化教育创新项目，美、英等发达国家和地区先后开展了此项目的实践和研究。2007年，国内以“电子书包”“一对一数字化学习”等多种方式开始项目试点。2010年，重庆市开启学校试点阶段；2012年3月，由英特尔（中国）有限公司、重庆市教育委员会联合进行的信息技术环境下的教育新模式探索和英特尔“一对一数字化学习”项目试点在重庆市徐悲鸿中学启动。为探索无边界课堂、无边界学校的建构，探索技术支持下“教与学”方式的变革，本人承担了启动会暨教学开放周的云课堂教学展示课——《乡愁》。

二 教学设想

《乡愁》是人教版语文教材九年级下册第一单元的一首现代诗，笔者所任教的九年级所有班级已上完此课。如果选取九年级某个班级进行展示，学生熟悉情况、已具备诗歌意象知识，教师也能更好地预设和驾驭课堂，但这无异于进行云课堂教学表演。如果把教学对象调整为七年级学生，跨越了两个年级的诗歌教学，学生自身的人生阅历和知识结构水平可能会影响对诗歌的解读，课堂教学恐难把握和出彩。反复斟酌之后，笔者最后还是选择了极具挑战性的、真实的云课堂教学探索：教学环境的改变，特别是课堂加入无线网络、互动学习平台和移动终端等数字化资源和设备的运用。这些改变能否变革传统的语文教学流程？能否助力七年级学生品读九年级诗歌《乡愁》，并以他们的视角和水平出发开展个性化的学习与探究？能否突破传统的课程观和教材观，教会学生借助工具和网络自主思考、分析和解决问题？

三 教学设计

本课教学设计以学生为中心，引导学生自主研读诗歌，在主动积极的思维和情感活动中，让学生联系生活体验深入理解，激发其个性化的感悟和思考。在教学中本人尝试应用云课堂“翻转课堂”模式，设计了如下自主学习和探究活动（如图1）。

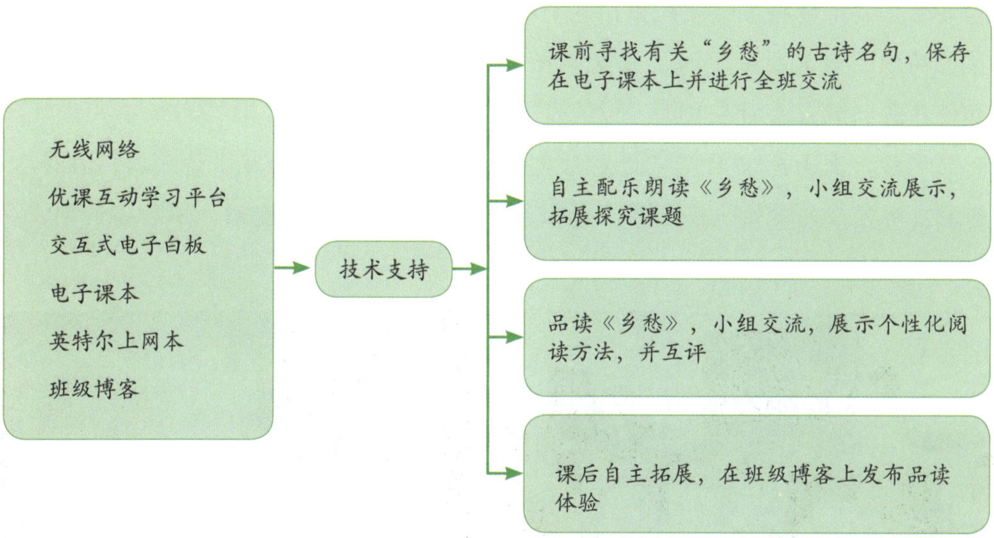

图1 《乡愁》云课堂教学设计

（一）课前寻找写“乡愁”的古诗名句

让学生借助网络学习资源自主学习并收集描写“乡愁”的古诗名句，保存在电子课本上并进行小组讨论和全班交流。

（二）自主配乐朗读《乡愁》，感受“余光中的乡愁”

学生走进诗人余光中和他的“乡愁”，借助网络和平台，小组合作探究、交流相关课题：余光中的家乡在哪里？余光中乡愁的内涵是什么？余光中的乡愁是如何产生的？余光中参与了哪些两岸活动？还有跟余光中一样的诗人吗？……

（三）品读体验，博客交流分享

让学生在小组交流合作的基础上，全方位品读诗歌。现场分享个性化阅读体验，课后在班级博客上发布品读体验。

四 学生表现

（一）学生分享课前自主学习“乡愁”古诗句中的表现

学生借助网络和云平台开展在线自主学习，从自己的阅读积累和体验出发感知“乡愁”，课堂上多数学生都有精彩的解读，如下是一些学生的精彩解读。

甲同学：我在网上找到了来自于《诗经》的句子“昔我往矣，杨柳依依。今我来思，雨雪霏霏。”诗句将古代旅人出门在外的思乡之情表达得淋漓尽致。

乙同学：我喜欢杜甫的“露从今夜白，月是故乡明。”诗人借月亮写出了他对故乡的思念和对亲人的牵挂。

丙同学：我最感动的是“近乡情更怯，不敢问来人。”写出诗人出门在外，快回到故乡时复杂的心情——非常思念家乡，又怕家里有什么变故，不敢去询问。

图 2 丙同学分享古诗

图 3 学生课前作品展示

丁同学：小学我们就学过王安石的“春风又绿江南岸，明月何时照我还？”诗人感叹“春风又一次吹绿了大江南岸，但天上的明月呀，你什么时候才能够照着我回家呢？”，诗句充分表达了王安石的思乡之情。

（二）课中学生小组展示、交流和评论中的表现

学生自主配乐朗读《乡愁》后，小组合作交流、拓展课题，对诗人余光中其人其事的评说观点各异，精彩纷呈。下面是课中实时交流的文字实录摘选。

肖同学：余光中 1938 年夏天曾生活在重庆渝北悦来场，与我的爷爷有过一段小小的友谊。当时余光中的父亲是中央海外部的一个处长，家里很富裕，但余光中从

不嫌弃我爷爷家境贫寒。2005年，余光中专程回到重庆探望儿时好友（我爷爷）。我认为余光中的《乡愁》是首好诗，有文采、有才华；余光中是好人，勤奋、善良、朴实，是不忘旧情的诗人。（学生平台提交展示家里收藏的“余光中珍藏60年重庆乡愁，重回故里要带一片青瓦”的报纸图片）

图4 小组合作交流拓展

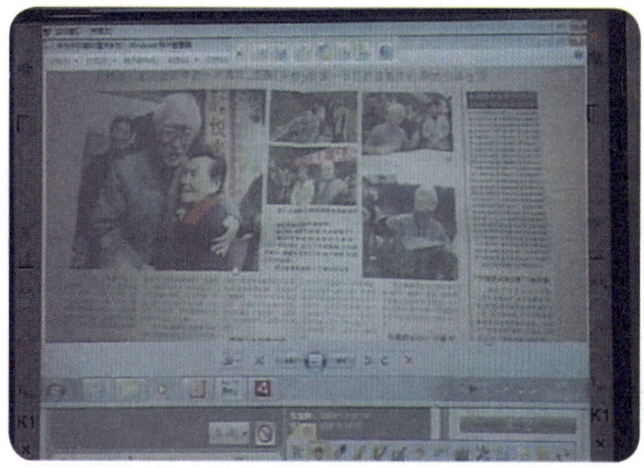

图5 肖同学展示个性化学习资源

刘同学：注释中提到余光中是“台湾诗人”，刚刚肖同学又用实例说余光中很珍惜在重庆的时光，我认为他是一个爱国的人，更是一个时刻期盼大陆与台湾实现和平统一的诗人。

陈同学：余光中是孝顺的人，他母亲去世后，他因为想念母亲恨不得跳到坟墓里去，但阴阳两隔，终不得。

方同学：余光中是个多情的诗人，他的诗细腻而绵长，语言表达很委婉，仅用简单的四种事物来表达寄托之情。

张同学：余光中是个“复杂多变”的诗人，他的创作分很多时期，不同时期的创作具有不同的特色，有知性的、有民族意识强的、有抒情的、有疑惑的、有乡愁的。

王同学：我感觉他有些悲观，诗歌回忆了自己的经历，都挺悲观，最后一节更是只能望不能回。

（大家针对王同学的观点，探究到底是“悲哀”还是“悲观”。）

刘同学：全诗都没有任何高兴或兴奋的事情，感觉很悲观。

肖同学：人经历了太多离别折磨，肯定很悲哀吧。

方同学：人非草木，谁都有情，悲哀更多吧。

张同学：我感觉他更多愁善感吧。

五 教学感悟

《教育信息化十年发展规划（2011—2020 年）》明确指出“要为每一名学习者提供个性化学习的信息环境和服务”。随着新技术的迅猛发展，学生个性化学习成为世界各国培养创新型人才的突破口，也是我国新课程改革和素质教育的重要任务。在云课堂教学环境的构建中，新技术最大限度地激发着学生的主动性和积极性，一种以学生“学”为中心，构建“自主、合作、探究性学习”的模式正在形成和发展。教师除了要及时转变教学理念之外，更需要掌握如何实施云课堂环境下的学科个性化教学，以及教会学生如何开展个性化学习。台湾诗人余光中的《乡愁》的教学尝试与探索，真正地变革了传统的语文课堂，促进了每一位学生的能力发展。

（一）云课堂关注学生自主学习

苏霍姆林斯基说过：“教学就是教给学生能借助于自己的知识去获取新知的能力，并使之成为一种思索活动。”课堂教学要以教师创造性的教为主导，以学生探索性的学为主体，以学生的个性发展为主线，因此，在教学中教师要积极引导学生自主学习。

《乡愁》的教学尝试应用“翻转课堂”，课前的自主在线学习激发了学生的想象力，他们课前查找的每一首诗都是自己最喜欢或最有感受的，而不是千篇一律的照本宣科。课中的交流和讨论不需要与教学参考书一致或遵循教师的标准答案。教师没有用过度的讲授干扰学生的自主学习，而是对学生自主学习的能动性充满信心，鼓励并激发学生的批判性思维能力，使其加深理解和体验，达到知识内化的效果。

云课堂环境下，教师如何引导学生开展自主学习呢？“好奇”是孩子的天性，孩子那种猎奇的心理会驱使他们产生“寻求新奇”的学习兴趣。一开始，本人就应用电子白板聚光灯功能，强调“愁”字，激发学习兴趣；然后根据学生的需要重新规划教学步骤，随时捕捉学习的兴奋点，创设主动、个性化的学习。正如皮亚杰所说：“所有智力方面的工作都要依赖于兴趣。”当每个孩子被你“巧妙”设计的教学情景和内容所“吸引”时，便会在情景中很自然地走进自我学习天地。

（二）云课堂助力学生合作学习

夸美纽斯曾说：“找出一种教学教育方法，使教师因此可以少教，但学生可以多学。”云课堂为学生合作学习提供了广阔的空间，使个性化学习成为现实。学生可以根据自身情况安排学习，还可以在交流商议、集体参与等合作学习中提高效率，通过贡献智慧，分享成果，学会合作。

笔者在教学《乡愁》这一课的过程中，根据学生的意愿，让他们自由结成合作小组，分工职责明确，上网查阅、收集整理、拍照上传、音视频下载、版面设计等井然有序。在小组合作愉快的氛围中，他们制作出一份份精美的网页、PPT、配乐诗歌等，真正体验了成功的快乐。例如：在班级博客发布品读体验环节，学生围绕“乡愁”或“余光中”开展交流、互助、表达和沟通，其深度和广度是传统课堂无法比拟的。云课堂构建无边界学习空间，超越课堂时空的限制，形成时时处处能交流沟通的格局。

图6 课后自主探究、个性展示

（三）云课堂激发学生探究问题

问题是创新的起点。传统的语文课堂上，教师讲授，学生听记，一节课下来，教师所讲即学生所学，师生都唯教参论、唯考点论、唯标准答案论。云课堂教学首先需要以学生为本，认真领悟孔子的“因材施教”教育思想，以承认学生的差异为前提，根据学生的个性特点和心理特征进行教学设计，充分激发学生学习的主动性，培养学生解决问题的能力和创新精神。

执教《乡愁》，让学生谈谈读了诗歌后的感受。有的学生说“乡愁”是一种从古至今的情结；有的学生说“余光中”曾回到重庆与自己的爷爷见面……有十来个学生迫不及待地举起小手，一名学生说“网上的资料显示余光中的故乡本来就不是一个”，另一名学生补充说“我们小组认为他乡和故乡只是时间的问题，你看……”学生沉浸在探究的乐趣中，课后学生在班级博客里记下了上网和思索的收获，有一肚子说不完的话。

（四）云课堂提升学生核心素养

云课堂教学环境充分利用云计算技术，以无线互联网与平板触控技术为支撑，通过丰富的网络数字化学习资源、教与学互动学习平台和智能终端，开启以学生为中心的自主、合作、协作和个性化学习。在平台应用商店里，师生还可获取各种学科工具，更利于培养学生的核心素养。

执教《乡愁》时，笔者摒弃了“多媒体演示 + 讲授”的传统模式，改变了现阶段云课堂教师“黑白 + 白板”的普遍模式，充分开发了电子课本批注、添加数字资源和播放音视频的功能，教会学生自主学习；利用交互式电子白板幕布延伸、聚光灯和课件转换的功能，引导学生对比思考；示范互联网查找资源、班级博客发布信息等应用拓展了交互的时间和空间；时刻关注以学生上网本为中心的管理、下载、作业提交和班级讨论等应用，培养学生的信息素养。这堂真实的语文课让我记忆犹新，课前学生自主学习、课中充分讨论交流、课后睿智发言与点评，突破了传统的语文教学架空技巧训练，学生学会了表达自己的思想，学会聆听他人的观点，学会小组合作与探究，学会使用各种技术工具和软件，学会主动思考和探究……总之，思考没有因为下课而停止，真正实现了大语文教学。

如果说学生是推动学校变革的最重要的力量，那么云课堂建设与应用必将重塑语文个性化学习。《乡愁》教学展示课虽已过去 6 年，更先进的教学理念和新技术应用层出不穷，但充满激情的课堂教学情景仍历历在目，笔者充分感受到云课堂带给七年级学生的快乐、赋予语文教学的生命力和带给笔者自己的挑战。它一直激励着笔者思考云课堂教学所涉及的环境搭建、教学设计、实施、评价、师生关系和家校关系等诸多方面的变革和问题。最后，谨以此《乡愁》云课堂教学案例纪念余光中先生！

参考文献

张杭美 . 中小学云课堂个性化教学实施现状及改进策略研究——以重庆市云课堂项目学校为例 [D]. 贵阳 : 贵州师范大学，2016.

浅谈云课堂内涵及环境建设

沈方玖[①]

摘要：伴随着课程改革、高效课堂、个性化学习的推进，重庆市教育云课堂已由试点发展到规模化应用推广阶段，其他省市也有很多云课堂或类似项目的实施及应用，但仍有不少教育从业人员对云课堂雾里看花，不明就里，从而直接影响到云课堂环境的有效建设及其应用效果。笔者以重庆云课堂为例，从云课堂的定义、特征、云课堂环境及其建设方式进行阐述，试图拨开一丝迷雾，揭开云课堂的神秘面纱，让学校管理者、电教工作人员和广大师生清清楚楚、明明白白地建好云课堂、用好云课堂。

关键词：云课堂；内涵；环境建设

随着课程改革、高效课堂、个性化学习的逐步推进，重庆市教育云课堂已由试点发展到规模化应用推广阶段，其他省市也有很多云课堂或类似项目的实施及应用，但仍有不少教育从业人员对云课堂虽不是云里雾里，可也是雾里看花，这将直接影响到云课堂环境的有效建设及其应用效果。

一 云课堂定义

云课堂，从字面上讲，有两种解释：一种是以云计算、大数据为主题内容，是

① 重庆市教育信息技术与装备中心

为了让学习者学习云技术而举办的现场培训或在线课堂，如阿里云课堂、华为云课堂；第二种是基于云计算技术的教学课堂形态。那么，到底什么是云课堂呢?

百度百科是这样说的：所谓“云课堂”，是一类面向教育和培训行业的互联网服务。使用机构无须购买任何硬件和软件，仅仅通过租用网络互动直播技术服务的方式，就可以实现面向全国的、高质量的网络同步和异步教学及培训，是一种真正完全突破时空限制的全方位互动性学习模式。重庆教育云课堂源于英特尔一对一数字化学习，“一对一”指学生每人拥有一台移动学习智能终端（以下简称“学习终端”）。学习终端除具备电脑的基本功能外，还存有丰富多元的电子教材、学习资源和学习工具，所以也称其为“电子书包”。随着云技术的发展，数字化学习资源的存储、学习工具运行、数据计算分析等逐步由部署在云计算中心的教学云平台承载，所以称其为“云课堂”也顺应了时代的潮流，体现了教育技术的进步与革新。

综上所述，站在课堂形态和教育模式的角度，“云课堂”是基于云计算及大数据技术，构建以教学互动平台为核心的一对一数字化智能学习环境，是一种实现以学生为中心的互动、高效、便捷的课堂教学形式，也是一种突破时空限制，实现自主、协作及个性化的学习模式。

二 云课堂特征

云课堂是对传统课堂教学形式和学习模式改革的一种探索和实践，仍离不开教师、学生、教学内容、教学媒体、教学方法及教学组织等课堂元素，是利用信息化媒体对传统课堂进行有效的扩展、延伸和改进，具有以下特征。

（一）互动性

师生都不喜欢沉闷的课堂，良好的课堂氛围往往离不开良好的交流互动。从互动对象来看，有师生互动、生生互动；从互动实效性来看，有实时互动、非实时互动。云课堂仍需要且重视传统课堂的现场实时互动，如提问、答问、语言交流、肢体动作、眼神、展示等。除此之外，云课堂在交互互动方面更具特色与优势。内容交互更迅速、更精准，教师可把微课、作业、答疑或课堂干预发送给某一位学生，也能在点指间将某一学生的作业或学习问题展示出来或讲评，学生也能在不打扰其他同学的基础上向老师发送疑问，还能突破时空限制，实现课前、课后的异地实时或非实时交互。

（二）移动性

移动性指学习终端的可移动使用性，学生既能在课堂上使用，也能在上学、放学途中和家里使用，实现碎片式学习。课堂上，学生可带着学习终端根据自己的兴趣爱好自由选择学习小组，也能随时随地进行在线课前预习、知识检测，完成网络作业，提交学习作品，发送疑难求助，体现了学习的泛在性。教师也可通过移动终端在教室的任意位置开展互动式教学、操控课件，还可校内校外即时回答学生疑问、查看学生作业完成情况、批改作业，进行学情检测与分析，评估分析教学效果。

（三）开放性

云课堂具有互联网“基因”，因此具有很强的开放性和共享性。将课堂实录、课件实时存储在云平台上，通过向外界发布授权课堂 ID 号，因故未亲临课堂上课的学生及校外学生即可利用微信或其他 App，参与实时或非实时的课堂学习，无围墙校园不再是梦想。学科专家、教研人员、家长及学校管理人员也能远程参与课堂观摩、课堂评估。另外，教师也可通过移动终端随时随地上传教学图片、视频等教学资源到云平台中作为备授课素材。

（四）智能化

利用大数据或人工智能技术实现自动阅卷、成绩统计分析，从而大大减轻教师负担，这也是云课堂深受教师欢迎，让教师乐此不疲的重要原因。同时，云平台能根据学生检测情况，生成错题本，并能将错题相关知识点的微课、练习题等学习资源自动推送给学生，直到学生弄懂为止，让学生告别题海战术。因为智能，所以有的地方也把云课堂叫作智慧课堂。

（五）个性化

学生有了专一的学习终端，学习就进入了 DIY 时代，学生可以自主选择学习内容、学习深度、学习难度、学习时间、作业数量，甚至选择授课教师、指导教师等，充分体现了以学生为中心、个性化、自主式的学习特点，是一种实现大规模、个性化教育的很好形式。

三 云课堂环境建设

云课堂环境包括支撑一对一数字化学习的教与学基础设施及云课堂应用外围环

境，包括学习终端、教学云平台、无线网络、辅助设施等。云课堂环境建设的科学性、合理性、适用性，直接影响到云课堂教与学的效果、设施设备的使用频度及效益发挥。除具备传统课堂教室必备的黑板、桌椅、照明等基础设施外，云课堂还应具备以下设施设备。

（一）学习终端

学习终端可以是笔记本电脑、平板电脑或手机。兼顾方便携带、易用及屏幕大小，目前仍以平板电脑为主。配置上应具备摄像头、Wi-fi 功能，性能上确保学段内能流畅访问教学云平台，流畅运行学习 App，并能快速访问互联网。因使用对象是学生，所以终端还应考虑防摔、视力保护、不良信息屏蔽、功能管控（如通过教师、家长对上网、学习 App 等功能或模块的开关及使用时间进行授权）等功能。

（二）教学云平台

教学云平台是云课堂环境的核心，是课前、课中、课后、校内、校外教与学的应用中枢，也是课堂交互、记录学生学习过程，分享学习作品、共享数字化资源的重要载体。

1. 交互与控制

课堂仍是云课堂的主阵地。课堂交互控制功能直接影响课堂教学的设计与实施，既是课堂师生互动、互通教与学信息、学生作品展示的需要，也是确保网络化环境下课堂正常秩序的需要。应具备屏幕广播、转播示范、遥控监看、电子点名、在线考试、作业提交、屏幕肃静、联机讨论、文件下发、电子点名、电子抢答等功能。

2. 教与学工具

教学云平台应能为教师的备课、授课、试题创建、作业批改、成绩分析、学习指导提供便捷、智能化的支持，从而提高教学效益，减轻教师负担。因此，平台应具有备授课工具、作业评测系统（含试题创建、智能组卷、作业发布、主客观题自动批改、错题本等）、数据分析系统（含学情分析、成绩分析、错题分析、知识点掌握情况分析）等。

3. 数字化资源

数字化教与学资源是传统教材的延伸、拓展和补充，包括声音、图片、动画、视频等媒体素材，也包括课件、微课、题库、网络课程、学习作品等。数字化资源应做到共建、共享，且内容丰富，并有效匹配章节（知识点）和智能化推送。

（三）无线网络环境

无线网络环境关系到学习终端连接到教学云平台和互联网的稳定性与访问速度。应确保课堂教学中不掉线，观看微课、视频流畅。如考虑到跨班学习，还要做到校内无缝漫游。无线 AP 连接数量上限要大于全班学习终端总数，支持 802.11 n 及以上协议，传输速率不低于 600 Mbps，确保每个学习终端的接入带宽不低于 8 Mbps，可流畅观看全高清视频。充分考虑无线网络安全，实现实名认证，出现安全问题可溯源，可定位到人。

（四）配套设施设备

移动充电柜也叫移动充电车，用于充电、保管移动终端，同时也可方便在各教室穿梭，使其成为移动的云课堂教室。移动充电柜可根据需要进行选择。

交互式大屏教学设备，如触摸一体机、电子白板等，用于课堂大屏展示多媒体教学资源、课件和学习作品，支持多点触控，提供书写、绘画、批注、拖动、缩放、旋转等功能。通过安装教学云平台教师端 App，实现教师教学终端和学生学习终端的投屏，以及实现交互式大屏教学设备与学生学习终端之间的交互与互访。根据需要可选计算机或投影仪。

（五）应用外围环境

云课堂教学环境，虽然给学生提供了非常重要的学习交流工具，改变了学生的学习方式，但也存在一些不利和干扰因素，如学生利用学习终端聊 QQ、玩微信、打游戏，沉迷网络，使用不当影响视力等。这也是部分学校、教师及家长担心、忧虑甚至阻止平板电脑（手机）进入课堂的重要原因。因此，非常有必要营造一个安全、健康、积极的云课堂应用外围环境。

1. 加强正面宣传引导

各级教育部门、学校、媒体要加强正面的宣传引导，推广云课堂。通过家长会、课堂观摩等形式，让家长亲自体验云课堂，让家长感知云课堂带给教育教学的正面影响和作用，打消家长的顾虑，让家长对数字化学习持开放、接纳和支持的心态。正面引导、培养学生合理使用学习终端的意识，激发学生的学习兴趣和学习主动性。

2. 加强课堂日常管理

通过技术防控、学校制度、班级公约、家长监督等规范学生使用。

3. 改革完善资源供给

建立与教材配套的数字化资源体系，通过扫描教材二维码，即可观看微课、动画、拓展资料、习题，这样就能大大节约资源查找的时间和难度等。加强网络学习空间人人通建设，打造以学习空间为核心的教学应用，实现资源上传在空间、获取资源在空间、作品上传在空间、学习记录在空间。

（六）建设方式

云课堂建设，特别是大规模建设，对无线网络环境、教学云平台以及教学管理都提出了新的更高要求，也需要大量的资金投入。科学规划、因地制宜、权衡利弊，选择合理的建设方式尤为重要。目前，各地云课堂建设方式不一、应用效果及效益发挥也不尽相同。从投入最多、难以管理的学习终端提供的主体来看，有学校提供、学生自带（自购、租用）等方式。“国际教育界早就提出鼓励学生自带设备（BYOD）进课堂，著名的《地平线报告》在其 2014 年基础教育版、2015 年基础教育版及 2015 年高等教育版都提出，学生自带设备进课堂是新兴技术在教育中应用的大趋势。国际上通行的鼓励学生和家长自带设备的做法值得我们借鉴。”这种方式，校方资金压力小、利于大规模推广，并且设备在课前、课中、课后均能得到充分的应用。无线网络环境一般由区（县）教育城域网或学校统一规划建设。教学云平台既可选用省级、区（县）级或企业提供的具有交互与控制、教学工具、资源管理的资源公共服务平台，也可将交互控制软件、教学支持工具、数字化资源等分别选用或组合选用，还可使用其他丰富的互联网资源。

云课堂是一种大规模实现个性化教育的良好形式，是未来课堂学习不可或缺的重要形式，具有强大的生命力和发展潜力。

参考文献

黎加厚，王竹立 . 最终改变课堂的或许是手机——关于学生自带设备进课堂的讨论 [J]. 中国信息技术教育，2015(20)：4-12.

小学语文“iPad 移动学习课堂”建设与应用初探

卿明秀[①]

摘要：“iPad 移动学习课堂”是“云课堂”教学形式之一，它不只改变了传统的教学模式，更在一定程度上提升了教学水平和教学效果。在小学语文“iPad 移动学习课堂”教学实践中，师生应做到充分互动、激发智慧，设置情景、趣味学习，融合重点、化难为易，内外结合、自主学习。只有这样，教育信息化的作用才能更好地发挥，从而实现文道结合，实现小学语文教学目标，提升学生语文素养。

关键词：小学语文；“iPad 移动学习课堂”；教学策略

云计算理念的提出主要是基于将以计算机和互联网为基础的新信息技术恰当运用于课堂教学，也称为“云课堂”。根据信息技术终端硬件支持条件，云课堂应用具有多种工具，“iPad 移动学习课堂”是“云课堂”教学形态之一，它的主要特点是学习者使用 iPad 作为终端接收、存储、交流教与学信息，这不仅打破了传统课堂学习的信息传递方式，而且在较大程度上改变了课堂的信息交流与交换方式，构成了支持信息技术条件下的智慧课堂形态的雏形。本文就“iPad 移动学习课堂”的技术支持条件及小学语文课堂如何实施移动学习的方法进行了探索，总结出一些教学策略，以期抛砖引玉。

① 重庆市教育信息技术与装备中心

一 “iPad移动学习课堂”软硬件基础

（一）硬件设备

iPad是“iPad移动学习课堂”的一种学习载体，“iPad移动学习课堂”与传统教学模式不同的是，“iPad移动学习课堂”首先是将包括教师教案、视频、PPT在内的教学资源集中到一个学习资源库，再提供给iPad移动学习终端。为保障学习终端正常使用，通常需要配置学习终端充电柜。为了构建一个师与生、生与生之间互动学习的环境，还应配置无线AP，保证无线网络畅通。这些设备能够较好地满足电子书包教学的需求。

（二）网络条件

“iPad移动学习课堂”教学模式对于充分利用各种信息资源，培养学生自主学习的能力，提升教学水平和教学效果都大有益处。因此，一定要搭建支撑“iPad移动学习课堂”教学的网络环境，保证学生能充分地利用网络资源来学习。特别是各校可结合教育部农村小学教学点数字资源建设项目和中小学教育均衡发展的需要，打造校园网络，以实现“三通两平台”建设，有条件的可以打造“智慧课堂”，以满足“iPad移动学习课堂”教学的需要。

（三）电子书包

电子书包主要是一种构建在学校公有云计算中心上，并得以运用的教学平台，通过无纸化教学模式，即采用平板电脑等来完成课程教学任务。

二 小学语文“iPad移动学习课堂”教学策略

（一）提升师生“iPad移动学习课堂”教学模式的思维认知

小学语文教学与理科教学不同，更多地需要学生通过各种渠道广泛积累知识，在课堂上积极地与老师或同学相互讨论。因此在有关“iPad移动学习课堂”教学模式的建立和施行上，为了提高教师与学生对“iPad移动学习课堂”教学模式的统一认知，就需要对教师进行相关培训，并给予学生一定的适应时间。在课堂上对此种教学模式进行逐步渗透，做到改变教师与学生从传统教学到“云课堂”模式教学的认识，确保学生的学习主体性，从而提高学生学习的积极性与主动性。

（二）设置情景，趣味学习

情感教育是语文教学的核心，只有充分调动学生的学习兴趣，丰富学生的学习情感，才能升华语文教学的意义。我们要充分运用 iPad 移动终端播放图片、声音、视频等，以鲜艳的色彩、动听的声音以及多变的图像来引起学生视觉与听觉上的刺激，尽可能满足小学生学习兴趣的各种可能，或者让学生参与角色扮演来感受文章人物的内心情感，以愉悦的方式将其融入语文课堂的教学中。例如在学习《荷花》一课时，教师可以先有感情地朗诵全文，接着通过资源链接，播放有关荷花的图片或者视频，尽可能同时达到视觉与听觉带来的刺激效应，让学生目视其形，耳听其声，伴随着悦耳的乐曲畅想着荷花的魅力。与此同时，教师可以适时提问学生对于荷花的感受，让学生在荷花图片的刺激下，急切地想知道书中所描绘的荷花的情景。这样既可水到渠成地引入新课，又可激发学生主动积极地投入学习的兴趣。又如，在学习《西门豹》一文时，可以让部分学生扮演西门豹、巫婆、官绅以及诸多老百姓等角色，部分学生用 iPad 移动终端进行实录，然后在 iPad 移动终端软件平台电子白板上播放出来，全体学生观看，让学生沉浸在角色扮演的同时，能够切身体会文章的讽刺意味。

（三）充分互动，激发智慧

小学语文的学习，主要是通过激发学生的学习兴趣，以教学内容为桥梁，让教师与学生充分互动，及时捕捉学生的思维火花，在教学内容外传的同时（过程），达到学习者内化的效果。例如，在学习《一个小村庄的故事》这篇课文时，教师可以充分利用互联网 +iPad 移动终端，将文章所描述的村庄由始至终的变化形态绘制成一幅幅动态图，让学生更好地融入文章，充分实现教师与学生之间的互动。例如教师在开课时说：“同学们，今天老师要送大家一幅画，但这幅画老师想让大家来给它取个名字，下面请大家仔细观察、欣赏后来取名字，并比一比谁取的名字最恰当。”接着老师就把课文插图 1 发到学生的 iPad 上。学生欣赏后可能回答“一个漂亮的小村庄”“一个美丽的小村庄”“一个风景优美的小村庄”“一个人见人爱的小村庄”……此时，教师说：“课文中哪段是描写这幅画的？请大家找一找吧。”学生很快就会找到第一自然段。让学生带着刚才体会到的感情朗读第一自然段，再看着画听教师读。这时再把课文插图 2 发到学生的 iPad 上。教师说：“同学们再仔细看这幅图，这又是一个怎样的小村庄呢？”学生观察后会说：“一个被洪水吞没的小村庄”“一个暴风雨中的小村庄”“一个走向灭亡的小村庄”……再请学生从文中找到相关描述的段落，并与第一自然段进行对比，教师再问："此时，大家的心情怎么样？"学生回答"难过""伤心""沉重"……教师问："看了这两幅画，同学们有没有什么疑问？"一旦学生发出有关村庄变化的感慨（如"为什么小村庄会发生这么大的变化呢？"），就立刻抓住学生思维的火花，让学生以小组为单位互助合作从课文中找出原因。然后把一组题发到学生的 iPad 上，让学生根据自己的学习领会完成。

(1) 填空。

在人们锋利的斧头下，树木变成了__________，变成了__________，变成了__________，还有______________。

(2) 这是个排比句，谁能用这个句式说一句话？（生练习说话）

(3) "大量的树木随着屋顶冒出的柴烟消失在天空了"，这句话是什么意思？

(4) 请通过互联网了解树木与人类之间的关系。（让学生在积极的思考与交流互动中，感受树木对人类生存发展的重要意义及影响）

图1 课堂练习题

（四）融合重点，化难为易

小学语文教学同其他学科一样，也会存在诸多教学难点，因此，要想提升语文教学的效果，就必须突破相关的教学重点、难点。教师可以通过 iPad 移动终端播放 Flash、3D 动画等，让学生跨越时间和空间，变抽象为具体，为学生提供有关培养思维逻辑的第一手资料。比如，学习《画杨桃》一文时，文中主要想传递给读者一个道理，即事物是存在多面性的。然而对于三年级的学生来讲，直接讲授不见得能够使其真正理解。因此，教师通过 iPad 移动终端立体式的展示，将杨桃的"多面性"展示出来，将不可触摸的感受转化为可实际亲临的体验，从而突破教学中学生难以理解的知识点。

（五）内外结合，自主学习

学会学习是一切学习活动的最终目的。大家知道，传统教育的一个主要问题就是"灌输式"教学，教师教多少（知识），学生学多少（知识），知识的来源是教师。而作为一个未来要独立生存的人，最需要的就是学会学习。因此，所有的教育教学活动，最终目标不是简单地让学生掌握知识，而是通过对知识理解和掌握的过程，在思维上得到锻炼，即学会学习。所以，自主学习已经成为一个重要的教学目标和策略方法。充分运用信息技术辅助学习，不仅能够提升课堂教学效果，而且可以尽可能实现学生的课下自主学习。在这个方面，信息技术发挥了很重要的作用，教师在设计教学任务、实际教学过程中，要充分地关注这一教学特点。课堂内与课堂外紧密结合，准确把握信息技术的使用，以便更好地将 iPad 移动终端软件平台融入小学语文的教学模式中。“iPad 移动学习课堂”电子书包能为学生提供大批丰富的教学资源，对于吸引学生的注意、促进学生的自主学习有着举足轻重的意义。例如在学习《想别人没想到的》这一课时，教师可以首先依照文中的故事情节，为学生布置任务，让学生课下利用 iPad 移动终端在软件平台上亲自动手画出最多的骆驼，不仅可以提高学生的兴趣，更能在学习语文的同时，提升学生的绘画能力。而到了课堂上，让学生把课前完成的学习任务通过 iPad 移动终端上传到软件平台上，学生之间对作品进行相互评价，体会语文与绘画艺术，进而体会文章的意义所在，还实现了跨界教育。

总之，小学语文“iPad移动学习课堂”模式的引入，在确定学生为学习主体的同时，更提升了教师的教学水平，不仅为学生的学习提供了更多的方便，同时也引导了未来教学模式的创新方向。我们应该与时俱进，紧跟互联网技术发展的脚步，进一步创新教学模式，改变教与学的方式，提升学生语文素养，为教学效率的提高做出自己的努力。

参考文献

[1] 廖志彬 . 中学“云课堂”建设与应用 [J]. 电子商务 .2013(10)：71–73.

[2] 陈平 . 云课堂：未来的课堂 [J]. 中国信息技术教育 .2015(2)：61.

[3] 强小英 . 语文课堂“玩”iPad，初探“云课堂”模式 [J]. 小学时代（教育研究）.2014(20)：70–71.

[4] 孙建文，张昭理，刘三，等 . 基于开源技术的云课堂平台构建 [J]. 中国教育信息化 .2014(19)：20–23.

应用驱动，典型引领

——巴南区推进云课堂项目的几点思考

王清 程欣 王兴东[①]

摘要：2011 年 8 月，巴南区政府与中国教育电视台签署战略合作协议，确定恒大城小学、界石小学、接龙中学、李家沱幼儿园四所学校（幼儿园）为巴南区云教育试点校（园），正式启动云课堂应用研究工作。巴南区在推进云课堂项目的过程中，做了以下四个方面的工作：主动重构教育理念，推进教育信息化应用；以应用驱动为导向，以服务教育为目标；探索试点应用，抓好示范引领；加强应用研究，坚持以研促用。

关键词：云课堂；区域；推进；策略

一 云课堂项目基本情况

2011 年 8 月，巴南区政府与中国教育电视台签署战略合作协议，确定恒大城小学、界石小学、接龙中学、李家沱幼儿园四所学校（幼儿园）为巴南区云教育试点校（园），正式启动云课堂应用研究工作。

从 2013 年的英特尔“一对一”项目起至今，全区共设立 13 所区级云课堂项目试点学校，完成 16 个班级的平板电脑、10 个班级的平台环境建设。2014 年建成区级资源云平台，为项目学校建设录播教室，借助资源云平台和录播教室实现全区直播。

① 重庆巴南区现代教育技术中心

2017 年初建成全区教育视频云系统，云课堂项目学校全部在列，基于录播教室和会议室实现了区域内、校际间互动教学和网络教研。

二 云课堂应用研究推进策略

巴南区在推进云课堂项目的过程中，重点做好了以下四个方面的工作。

（一）主动重构教育理念，推进教育信息化应用

推进教育信息化应用的关键因素是教师，教师的信息素养、管理理念、教育教学理念等，都是决定教育信息化推进的关键因素。

1. 切实转变观念，重构教育理念

我们从切实转变教育工作者的观念入手，培养教师主动重构信息化环境下的教育教学理念。通过分类别开展教育行政管理干部、学校校长、学科教师的专题培训，学校信息化人员跟岗研修等，提供教师专业成长平台，提升信息素养，主动适应新教育环境，构建新教育理念。

2. 抓好技能培训，提升专业能力

在推进教学理念转变的同时，通过“走出去、请进来”的办法，采取集中培训和分散学习、专项培训和学科培训相结合的方式，积极开展教师信息技术能力培训。一是，每年定期集中开展云课堂项目学校信息主管、信息化装备管理员业务能力培训，提升学校专业技术骨干队伍专业技能。二是，搭建区级交流指导平台，加强校际交流，发挥骨干队伍在装备建设、应用管理和培训指导中的作用。三是，全员参加信息技术能力提升工程培训，全面提升学科教师信息素养。

3. 骨干队伍引领，以点带面推进

组建区级云课堂应用骨干研究团队，培养学校管理层、技术层和实践层的区级骨干力量，通过他们指导各学校开展云课堂应用研究，引领、带动其他教师积极参与，形成云课堂应用的骨干团队，培养研究梯队，有力地推进云课堂项目在全区学校的开展。

（二）以应用驱动为导向，以服务教育为目标

在推进云课堂应用的过程中，我们从学生成长、教师发展的需求着力，多角度思考，全方位服务，使云课堂成为教育教学改革发展的助推剂。

1. 健全体制机制，营造应用环境

一是在装备建设过程中，以解决实际问题为核心，不追求高标准、新技术，而是重点强调装备应用，体现应用需求；二是区教育委员会积极协调，强化经费保障，建立健全相关制度，为信息化应用提供强力支撑；三是技术中心配合区政府教育督导室，优化考评方案，为教育信息化应用提供导向性评估。

2. 坚持信息技术与教育教学深度融合

以云课堂项目为契机，充分利用信息技术的交互性、参与性、个性化优势，依照以学生为中心的教学理论，强力推进教育信息技术与教育教学的深度融合。2017年11月，在巴南区云课堂交流活动中，我们利用视频云系统设“一主两分” 3个会场，全区16所云课堂试点学校的教师们不仅通过视频直播观摩了巴南小学和大江中学教师的课堂教学，还聆听了市、区级专家的点评和讲座。整个活动充分发挥了云课堂项目的优势，开展多点互动研讨，使教研工作的效果得到显著提升。此外，鱼洞第二小学校、清华小学校等学校也通过云课堂的应用，深入探索信息化环境下的教学新模式、新手段，将云课堂与学科教学深度融合，既保留了学科教学的本真，又丰富了教育教学的形式，得到了广大师生的高度认可。

3. 从平台融合和差异发展寻求突破

根据国家、市级“三通两平台”建设及应用工作要求，巴南区认真分析了“人人通”项目与云课堂项目的差异性与同通性，结合区内实际情况，探索将两者有机整合。“人人通”项目弥补了云课堂在资源库、资源共建共享以及学习终端等方面的问题。利用“人人通”平台，将信息技术与德育相结合，构建学生学习、交流、分享空间，已逐步形成了教与学、教与教、学与学、家与校的全面互动，真正使信息技术在教师发展和学生成长方面起到良好的作用。

（三）探索试点应用，抓好示范引领

在推进云课堂应用研究的过程中，我们坚持走“试点应用”这条路，不断总结典型经验，以点带面，积极稳妥地推动区域云课堂项目。

1. 坚持先行先试，示范引领

根据区内各学校的实际情况和特点，我们让信息化应用起步较早、基础较好的学校先期进行项目试点。通过在试点项目学校开展培训指导、应用交流、经验分享等活动，逐步拓展参与试点的学校范围，推进试点工作的有效开展。此外，从2016年开始，我们每年在新建学校中建设云课堂环境，将新建学校纳入云课堂项目，

逐步扩大试点研究队伍。

2. 坚持经验共享，协同发展

巴南区云课堂试点学校有城区学校、农村学校，他们的试点经验具有很强的代表性、可借鉴性和可复制性。为了在全区推广试点经验，我们主要做了以下工作：一是近几年连续举行区级云课堂优秀课例评选活动，及时总结、提炼典型应用案例，分享、推广先进经验；二是每学年定期开展全区云课堂交流活动，各试点学校分别承担观摩交流任务，引领带动区域内学校协同发展；三是注重构建纵向和区域外的交流平台，广泛吸取经验、取长补短，共同推进云课堂项目的发展。

（四）加强应用研究，坚持以研促用

我们坚持“以研促用”，以应用研究和课题研究相结合，强化课题研究必须以应用为落脚点，重点从教育事业发展的需要，从师生成长的需要等方面选择课题，并把课题研究成果落实到教育教学常规工作中。目前，区现代教育技术中心独立申请立项的“十二五”国家级重点课题“网络互动教学及其环境研究”正在进行成果汇总，准备结题。清华小学校、大江小学和莲花小学等 3 所学校申报的重庆市教育信息技术与装备中心国家级重点课题“中小学云课堂教学应用策略研究”子课题，已完成结题材料报送，准备接受专家评审。清华小学校申报的国家级课题“小学生运用网络学习空间开展合作学习的策略研究”已获准立项，并成功开题开展研究工作。

三 云课堂应用研究成果

近几年，巴南区在推进云课堂应用研究工作中取得了一些成绩，多次承办全市的现场交流活动。2013 年 11 月，恒大城小学承办重庆市教育云课堂教学应用现场交流研讨会。2014 年 11 月，恒大城小学承办技术改变教育——现代教育信息技术应用与推广现场会。2015 年 5 月，清华小学参加在青岛举办的国际教育信息化大会。2015 年 9 月，清华小学承办全市小学语文教研工作会暨课改专题会。2015 年 11 月，教育部教育装备研究与发展中心对清华小学云课堂应用工作等进行了专题调研。巴南区教师参加各类云课堂方面竞赛活动获国家级奖 10 人次，市级奖 65 人次，公开发表论文 28 篇。

四 云课堂应用研究的困惑

在推进云课堂项目的实践过程中，我们积累了一些经验，取得了一些成绩，但同时也遇到了很多困惑：各试点学校参与云课堂项目的班级、教师、学科数量有限，研究探讨的氛围难以形成；试点成果的影响范围有限，云课堂环境下教学形式和模式的创新不够；学校参与试点研究团队的人员结构不合理，缺乏梯队建设和激励机制等。

虽然前进的道路上有坎坷，会遇到很多困难，但是，我们将进一步结合实际，以“应用驱动、典型引领”为突破口，不断深入探寻化解困惑的路径和方法，强力推进云课堂项目建设，使云课堂应用研究工作再上新台阶。

云课堂背景下的教师研修范式初探

——以南坪实验金科小学校为例

王定芝 周娴雅[①]

摘要：“云课堂”是近年来教育信息化发展的新事物。笔者通过基于“云课堂”的教师研修工作坊在教学研究中的实践经验，从研修机制的梳理、研修方法的总结、数字资源的整理等方面进行教师研修范式的探索，力图为教师专业发展做出积极的探索。

关键词：云课堂；教师研修；教育信息化

一 引言

《国家中长期教育改革和发展规划纲要（2010—2020年）》与《教育信息化十年发展规划（2011—2020年）》均将教育信息化提到了重要地位，指出教育信息化是推动基础教育改革不断深化的重要途径。同时，国家教育信息化推进办公室文件精神中也指出：教育信息化的核心理念与发展方向就是建设师生个人的网络学习空间，形成在网络环境下互助学习、自主学习的教育模式。云课堂教学突破了当前主流教育模式中时间、空间以及学习方法等的限制，拓宽、增加了学习资源的范围与内容，促进了教与教、教与学以及学与学之间的联系与互动，有利于教师与学生的共同学习和共同提高。

① 重庆市南岸区南坪实验金科小学校

南坪实验金科小学校隶属于南坪实验小学教育集团，是一所于2015年新建的现代都市小学。学校秉承集团“中国灵魂　世界眼光”的教育理念，结合本校区自身实际，积极践行基于云课堂的智慧校园打造。依托教育信息化在校区的广泛普及，本校教师的专业成长也得到了快速的提升。

二　云课堂

（一）对云课堂的认识

自2012年国家提出建设“三通两平台”以来，这一工作一直是区域教育信息化的工作重点，其目标终点指向“网络学习空间人人通”，主要定位个性化学习服务层，这也为教育信息化的深入运用指明了未来的发展方向。在此基础上，云课堂以教育云、教育大数据为背景，采用云理念与云技术共同打造了在线开放课堂，为学生的学习以及教师的专业成长提供了更为多样化且便捷高效的平台。

云课堂以先进的信息技术手段为支撑，打破当前学习时间、空间的禁锢，通过较为开放的学习空间与相对灵活的学习时间，实现教与学之间的良性双向互动，克服了传统教学与教师研修等对场域的限制与要求，实现了低成本、跨时空、高效率的学习与研修。

（二）基于云课堂的教师研修

教师研修是教师实现专业成长的重要途径，基于云课堂的教师研修是指教师在研修过程中，借助云课堂这一现代信息技术手段，拓宽、丰富教师的研修内容、研修途径、研修资源，进而促进教师专业成长的一种方式。

南坪实验金科小学校基于云课堂的教师研修，即应用天喻教育云平台，建立优质数字教育资源共建共享平台环境，为教师构建通过网络学习空间及各种信息终端即能实现教学、教研、管理、评价等多种目的的全方位研修途径与体系。

三　云课堂在教师研修中的应用与实践

云课堂的云技术助力教师研修方式的变革，将传统耗时、低效的教师研修转变为在任何时间和地点都能开展的个性化学习。南坪实验金科小学校基于云课堂的教师研修从如下几个方面进行。

（一）头脑风暴，确定研修主题

在这一阶段，管理员利用“慧教云”平台的名师课堂（主要由公开课、示范课和名师微课三部分构成）组织研修共同体成员间对对方的优质课例进行观摩、讨论与学习。定期推送相关学习资料，教师从PC端或移动端接收相关资源自主学习并提出疑惑，大家进行头脑风暴的互动答疑。管理员定时收集教师关注的热点话题，在归纳总结的基础上提出该阶段的研修主题。主题确立后，将该主题发布到研修组。

管理员通过网络在线时长和发言内容，对教师的学习进行初步判断，有助于精心设计和准确把控研修活动的推动与实施。

（二）多维互动，深化研修进展

该阶段针对已确立的研讨主题进行课例研修，教师利用“慧教云”平台进行教学活动的设计和实施。前期通过筛选、运用教材资源中提供的海量优质资源，精准匹配到章、节，甚至是课。课前导学环节中，采用文本、微课、习题等具有个性化的导学案，引导学生自主学习，实现课堂的翻转，促进更有效的学习。运用丰富强大的课件工具，进行同步备课，将优质资源与课件匹配，一键获取。

教学进行过程中，教师运用掌中黑板这一功能，结合互动课堂软件授课，可以实现将笔记实时呈现在互动课堂电子白板上，并存储书写内容，极大地提高了教学的交互性与效率。运用移动讲台，充分满足移动授课需求，支持随堂拍照、视频拍摄、小组评分等多种互动功能。为激发学生的学习兴趣，平台中的学生抢答工具代替了教师主观挑人，其活泼、随机的抢答方式，极大地调动了学生参与课堂的积极性。

运用各类直播平台对课堂进行在线直播，同步推送研修，家长和在线研修教师可以获得现场观看的效果。同时，研修组观课教师运用亿方云课堂观察App，实时记录并提交观课评价，及时生成课堂评价。

（三）数据分析，总结研修得失

现场授课结束后，研修管理者利用“问卷星”这一专业在线问卷平台，将事先设计并在授课过程中修改完成的在线问卷向教师和家长发放，完成数据采集、自定义报表、结果分析。相比于传统调查方式或其他调查网站、调查系统，“问卷星”快捷、易用、低成本的优势更为显著，已被企业和个人广泛使用。借助“问卷星”强大的数据收集、分析功能，我们可对学校教师在云课堂资源的备课、上课以及在颠覆传统课堂的适应性方面做大量的数据整理与分析，以便更好地支撑教育教学，总结教师研修工作坊活动开展的经验，积极改善云课堂教育教学环境，以服务学校教育发展大局。

“慧教云”平台的教师考评系统具备自定义指标、发起全校投票、进行评价统计等功能。可为领导提供教师及各学科组的教学动态、教学质量、教学水平、教学效果等数据支撑，改变过往传统纸质材料不科学、不持续、难存档的问题，帮助学校更具针对性地发现问题，从突出问题着手改进教学，提高教师专业水平与教学质量。评价体系允许学校设置不同的评价指标，指定不同的评价范围，让需要评价的教师都参与评价系统，从而实现多样化的评价。管理员设置好评价维度、评价题库和评价标准后，让全体或指定教职工参与评价活动。管理员发布的新评价会及时在教师的 PC 端、移动端进行小红点提示，点击即可进入相应的评价页面参与评价。评价后，可查看相关评价数据和报表，直观地看到每个细节数据。同时，评价结束后，被评教师可以在“我的评分”里看到自己的得分情况和评价数据等信息。

评价维度、评价题库、评价分数的高度自定义能满足学校对教师评价的个性化需求，同时评价进度、评价数据的实时呈现便于学校及时查看教职工工作成果。

（四）经验共享，建立校本资源库

校本资源库通过整合学校的课件、素材、教案、习题和特色校本课程，使教师拥有的优质教育教学资源，从而能够在学校中发挥更大的作用。

通过点击本校的校本资源频道即可访问学校的校本资源库，其中包含丰富的精品教学资源，供师生学习。支持按教材目录和校本目录进行索引，教材目录根据国家课程进行编排，可按学科、册别和资源类别进行选择，供日常教学使用。而校本目录则是在统一的学校资源编目维度下，满足学校办学理念和学科特色，满足校本开发和实际而建立的另外一套完全由学校自定义的目录。南坪实验金科小学校的校本目录包括名师微课集锦、PBL 项目、STEAM 项目群、创客嘉年华等极具学校特色的校本课程，供师生进行个性化学习。校本资源库的建立，依赖于学校用户的内生和学校引进的第三方优质资源。

四　基于云课堂的教师研修优势

传统教师研修通常采用面对面集中学习、讨论等形式开展，需要教师在特定的场域、时间内进行，对教师的时间、参与研修的人员以及研修场地有一定要求。相较于此，基于云课堂的教师研修则具有更显著的优势。

（一）实现云课堂个性化研修

云课堂对于教师研修而言，在促使教师学习方面更具个性化。传统教师研修通常有固定的教研主题，或是有较为固定的学习主题与内容，大多参与教师往往处于被动接受的境地，不利于教师学习与自我反思。而在云课堂这一技术帮助下，教师在研修过程中可以根据自身专业发展需求，在同一主题下选择适宜自身的内容、学习同伴进行学习与研讨，这种具有个性化的研修方式与内容，更易激起教师学习的自觉性与积极性，实现教师研修内驱力的激励，提高研修实效。

（二）助推教师专业发展

教师专业化成长是教师个体对职业发展的内在呼唤以及社会的应然要求，基于云课堂的教师研修为教师专业发展提供了更为丰富、有效的途径，为教师专业成长注入一股十分强劲且持续的推动力。主要表现为：第一，云课堂拓宽了教师的学习途径，为教师专业成长提供了更多自主学习、独立思考的要求与空间；第二，云课堂能够为教师专业成长提供更为多元、丰富的学习资料，让教师接触更具开放性、多重性的交互学习内容，教师在多元化的学习资料中，可以自主选择符合自身需求的内容进行深入学习，有助于教师专业领域知识与能力的更新与丰富；第三，基于云课堂的教师研修，打破了时间、空间等的限制，教师可直接通过研修平台进行学习、研讨，极大地节省了教师的时间和精力，提高了教师研修实效。通过云课堂，教学评价更为多元，教师能够及时收到来自超越学校范围内同行、家长和学生的反馈，对于教师进行及时教学反思与改进有非常重要的意义。同时，资源库中的同类型教学资源也为教师的教学改进提供了非常重要的学习材料。

（三）提升教学满意度

云课堂构建中，多途径教学反馈与分析是相对传统教学评价的一大亮点。多平台、多途径、多主体在线教学评价，以及自动生成的课堂教学相关参数分析，对教师教学能力和水平提出了新的要求，不断督促教师改进课堂教学；多方参与评价，同时也能帮助社会、家长了解教师课堂教学状态，提升教学满意度。

五 结束语

构建云课堂与智慧校园是当今信息技术时代对教育教学的内在呼唤与应然诉求，云课堂在丰富学生学习资源与方式上相对于传统课堂教学有着公认的长处。同样，在对教师研修、专业成长方面也有着非常重要的辅助与推动作用。云课堂为教师构建了一个跨越时间、区域等限制的研修平台，对推动教师自我反思与改进，完善师生交互成长的课堂教学，提升教学满意度具有十分显著的意义。在今后的教师研修工作中，应更为积极地探索借助云课堂平台开展相应学习的方法，为教师发展注入强劲推力。

参考文献

[1] 祝智庭，郁晓华，管珏琪，等 . 面向“人人通”的学生个人学习空间及其信息模型 [J]. 中国电化教育，2015(8):1-9.

[2] 孙建文，张昭理，刘三，等 . 基于开源技术的云课堂平台构建 [J]. 中国教育信息化，2014(19):20-23.

[3] 魏非，李树培 . 混合式研修：内涵、现状与改进策略 [J]. 教师教育研究，2017(5)：26-30.

基于云课堂环境下学生学习模式的改变

詹力 张娟 龚娅①

摘要：教育信息化是基础教育适应社会发展、提高办学质量的有效途径之一，是实现基础教育跨越式发展不可或缺的动力与支撑。当前，在移动互联技术与学校教学改革深度融合的背景下，莲花小学校成为巴南区云课堂项目试点学校，易教智慧平台系统为学校实现教育信息化提供了一个前所未有的契机。莲花小学校经过三年多的云课堂教学改革实践，完成课题“基于云课堂的‘自主＋互助性’学习模式的研究”。本文提炼总结了云课堂环境下的“自主＋互助性”语文和英语学习模式，特别是在云课堂教学环境下课前、课中和课后的教与学的变化。与此同时，本文还展望了莲花小学校云课堂项目的发展方向。

关键词：云课堂；“自主＋互助性”学习模式；改变

近几年，各级政府及教育主管部门都对教育信息化工作给予了高度重视。《教育信息化十年发展规划（2011—2020年）》指出：基础教育信息化是教育信息化的重中之重，教育信息化是基础教育适应社会发展、提高办学质量的有效途径之一，是实现基础教育跨越式发展不可或缺的动力与支撑。2014年12月，五部委联合印发的《构建利用信息化手段扩大优质教育资源覆盖面有效机制的实施方案》为未来6年的中国教育信息化绘制了一幅清晰的“施工图”。一系列文件的出台和一系列

① 重庆市巴南区莲花小学校

会议的召开，目的是要真正让信息技术在教育教学中得以有效应用，即实现信息技术与教育教学的深度融合。

一 项目驱动——云课堂起航

（一）项目缘起

正当学校教育改革处于信息化技术深度介入的重要阶段时，巴南区现代教育技术中心引进了一批云课堂建设项目，莲花小学校有幸于 2014 年 11 月成为全区云课堂项目试点学校，依据项目要求，巴南区现代教育技术中心为学校配备了 1 间“云教室”和 50 台学生平板电脑。在此基础上莲花小学校于 2015 年承担了全国教育信息技术研究“十二五”重点课题“中小学云课堂教学应用策略研究”子课题“基于云课堂的‘自主 + 互助性’学习模式的研究”。学校引进了易教智慧平台系统，为学校实现教育信息化提供了必要的技术支撑和资源保障。

（二）问题聚焦

如何让易教智慧平台与课堂教学深入融合，从而培养学生课前、课后的自主学习能力，达到可持续发展之目的？基于云课堂的学习模式是怎么样的？这些问题是我们在实践研究中所困惑的问题，也是我们在实践研究中正在解决的问题。

（三）实践探究

莲花小学校的云课堂教学研究主要由语文和英语教师先在实验班级进行了 3 年尝试。易教智慧平台系统使师生之间实现数据的及时交互，教师端通过发送文件、视频等形式给学生布置任务，学生端实时完成相关任务并提交答案，平台系统教师端可以实时统计、分析并展示数据；平台系统让学生的学习更加开放和互动，实现了课堂学习的立体化。如教师在开课前把相应的微课视频或其他音视频学习文件传到学生的平板电脑，学生在上课初收听、观看相应的音视频，然后进行相应的测试，教师根据学生的测试结果有所侧重地进行接下来的教学。在学习新知识后教师把课堂练习题实时发送给学生，学生根据自己的喜好选择一种方式完成课堂作业并上传。教师实时查看学生的完成情况，选择有代表性的作业进行评讲。在语文学科学习时教师给学生相应的关键词，让学生利用平板电脑的网络查找功能查找相应的主题资料。

二 成效显著——基于云课堂环境下的学生学习模式的改变

通过开展课题研究及大量的课堂实例研究，在云课堂环境下学生的“自主 + 互助性”学习发生了巨大的改变。学校初步探讨出在云课堂环境下的“自主 + 互助性”语文和英语学习模式。

（一）构建云课堂环境下的“自主 + 互助性”语文学习模式

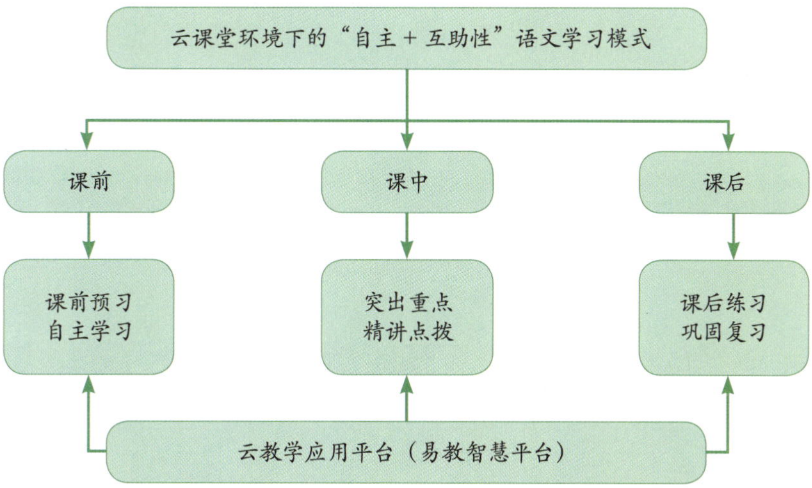

图 1 云课堂环境下的“自主 + 互助性”语文学习模式图

1. 课前——课前预习，自主学习

在课前预习时，学生将文中出现的生字词，不能读准的字，不理解的词、句画出，通过使用 App 或者查字典解决字词问题，并通过网络查阅资料了解作者的生平、文章的社会时代背景和文体特点等，利用纳米盒子里的课本点读指导学生朗读课文。

比如在学习《飞向蓝天的恐龙》这篇科普说明文时，教师可以在课前准备大量关于本课的资料和本课生字学习的 Flash 发至易教智慧平台，让学生自主学习。

图 2 教师们在分会场观摩学习

2. 课中——突出重点，精讲点拨

课前根据学生的预习情况，教师制作相关测试题对学生进行测试。通过批改，教师认真分析统计数据，查找出易错点，在课中重点讲解，简单知识一带而过，这样以学定教，少走弯路。

比如在学习《飞向蓝天的恐龙》一文时，理解恐龙飞向蓝天的演变过程是重点也是难点，教师可以让学生结合演变过程的动画反复品读来理解这一部分内容。

3. 课后——课后练习，巩固复习

教师可让学生采用上传音频、视频等方式上交作业。这样教师很快就能统计出学生们的读背情况。教师将作业发至易教智慧平台，客观题大数据统计，主观题学生拍照上传，教师还可将上传的具有典型性的主观题发给全班学生，共同修改。同时，还可将课堂进行拓展延伸。

（二）构建云课堂环境下的“自主＋互助性”英语学习模式

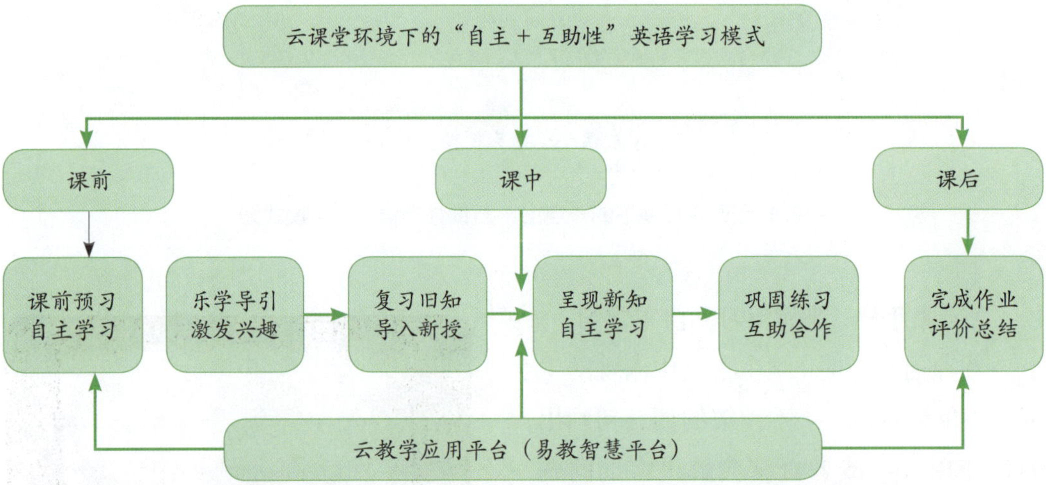

图3 云课堂环境下的“自主＋互助性”英语学习模式图

1. 课前

课前学生运用平板电脑通过微课、电子课本、纳米盒子等了解下一节课的文化背景、风俗习惯，预习少量的单词，跟着电子课本的读音尝试朗读简单的课文，理解课文意思等。

比如在教授外研社小学英语四年级上册的“Happy Halloween”一课时，学生可以利用平板电脑观看微课，了解英语国家的重要节日——万圣节，并了解它的文化习俗、风土人情等，从而为新课的学习做铺垫。

2. 课中

（1）乐学导引，激发兴趣。

热身环节直接影响一节课的成功与否。热身方式很多，主要包括唱英文歌曲、读英文小诗或歌谣、玩游戏、TPR 活动、角色扮演等。

（2）复习旧知，导入新授。

在这一环节，学生利用平板电脑通过对以往课堂知识的复习，加深对旧知识的印象，同时为新课的学习做铺垫，以旧知导入新知，可以减少学习新知的压力，同时增强学生学习的自信心。以旧带新可通过图文连线、看图仿写简单的句子、听力练习等方式进行新旧知识过渡，顺利引入新课。

例如在教授外研社小学英语五年级上册“We Bought Ice Cream”这一课时，由于课文涉及动词的过去式，教师在这个环节可以用易教智慧平台发连线练习题给学生，让学生复习学过的动词原形和过去式，从而为新课的学习打下基础。

（3）呈现新知，自主学习。

教师可利用平板电脑指导学生自学单词、自学课文。自学时学生可以跟读，可以根据上下文、插图猜测词义、句意等。自学完后学生可个人展示或小组展示自学效果。

图 4　云课堂上学生通过平板电脑进行小组学习

比如在教授外研社小学英语五年级上册“Yesterday I went to Sam and Amy's school”这一课时，首先让学生看平板电脑上的课本动画，理解课文意思，并回答教师通过易教智慧平台发给学生的问题，学生完成后将答案发回易教智慧平台，教师展示学生的答案，并对错误答案进行更正。然后学生听音跟读课文，自由掌握跟读进度。自学课文的过程中出现问题可寻求教师帮助。

运用平板电脑自学英语课文时应遵循循序渐进原则，逐步指导自学，培养学生的自学能力。学生展示自学成果，教师再根据展示情况选择采用实物、图片、简笔画、肢体动作、Flash 动画、视频等教学手段再次查漏补缺，突出教学重点，突破教学难点。

（4）巩固练习，互助合作。

英语学习需要大量的语言操练和语言输入，只有这样才能最终实现语言的输出。在巩固这一环节，教师可采取小组互助合作的方式开展练习，小组内学生的互动帮助，互相学习，可为学生带来合作的成功感，能够培养学生的合作意识。

例如在教授外研社小学英语四年级上册“We're going to visit Hainan”一课时，教师可设计小组配音活动，让学生通过平板电脑上的“少儿趣配音”对课文内容进行配音，并全班展示。这些小组互助活动既能巩固本节课所学内容，又能增强学生的团队合作意识，还能培养学生的团队合作能力，进一步提高他们学习英语的兴趣。

3. 课后

例如在教授外研社小学英语五年级下册的“She visited the Tianchi Lake”一课时，教师可仿照课文内容讲述自己的旅行经历，并制成微课发给学生，引导学生通过观看微课仿写自己的旅行经历。教师可将这篇小作文的模板（如图 5）通过智慧平台发给学生，学生完成后再发回平台。

My traveling story

Last year/In____________, I went to ____________ with my ____________. It's in the ____________ of ____________. I ____________. I ____________. I ____________. It was very beautiful. I had a lovely/good/nice time there.

图 5 “我的旅行经历”作文模板

基于云课堂环境下的学习模式为学生营造了一种较为理想的新型学习环境。“自主 + 互助性”学习方式的运用不再将学生局限于课堂上，而是将学习贯穿于课前、课中、课后的整个学习过程。对于学生而言，学生可以利用存储在云平台或互联网上的资源包进行自主选择、自主学习，通过课前、课中和课后的学习使学生能够按照自己的节奏把控课堂，真正实现面向每一个学生的个性化培养。

三 展望未来——学校将继续坚持云课堂项目发展方向

云课堂的到来究竟意味着什么？参与这一项目的教师看法各异，但有一个观点是相同的，那就是学生学习模式的改变带来课堂的改变。在技术日新月异的今天，巴南区莲花小学校积极适应新技术带来的改变，在更多的班级大力开展云课堂项目研究，注重收集整理教师的云课堂教学资源，与全区云课堂项目学校形成共享。学校教师以老带新，研究成果共享。新一届研究教师在此基础上进一步研究学生在云课堂环境下的学习策略以及教师的教学策略，使学校的云课堂项目研究更富成效。

状元小学“光彩”云课堂建设实践

李雨霖 周春梅 蒋凤帷[①]

摘要： 当前，云计算、大数据、物联网、移动计算等新技术逐步广泛应用，社会各行业信息化步伐不断加快，社会整体信息化程度不断加深，信息技术对教育的革命性影响日趋明显，教育信息化正迎来重大历史发展机遇。北碚区状元小学以“光彩”云课堂教学改革为抓手，创新管理，改进教学，促进教师专业成长，推动了新校快捷高效地发展。

关键词： 云课堂；校校合作；家校共建

巍巍缙云，潺潺嘉陵。在火辣的山城重庆有一个美丽的地方——北碚。2013 年 9 月，一所新建学校在北碚幽美的山水间落成，她就是朝气蓬勃、热情澎湃的状元小学。学校由 2013 年的 9 个班 360 名学生增加到 2017 年的 35 个班 1500 名学生，预计 2019 年将达到 48 个教学班。自建校以来，状元小学勇于挑战，乐于创新，在“行行出状元，人人放光彩”办学理念的引领下，大力引进民间艺术家，成立了二十多个艺术工作室，其中草把龙、蝶艺画、北碚剪纸等非物质文化遗产项目多次在国家级媒体亮相；我们创新开设实践大课堂，让学生走出教室，置身大自然去学习，开阔了学生眼界；我们开放办学，充分挖掘家长的特长、资源，开设家长义工讲堂，增强了家校合力，彰显了家校共育的魅力。这几年里，“光彩”云课堂教学改革更

① 重庆市北碚区状元小学

是状元人奋斗历程中浓墨重彩的一笔，有力助推了新学校快捷、高效的发展。

状元小学于2014年初开始实施“光彩”云课堂教学改革，一路实践，一路探索，“光彩”云课堂深受学生的喜欢，得到家长的认可，社会各界也给予高度的评价。“老师将手中的平板电脑轻轻一点，授课的内容就显示在黑板和每名学生的平板电脑上，课堂中还设计游戏闯关环节，让孩子们实现在玩中学……”。这是2015年4月2日《人民日报》对状元小学“光彩”云课堂的报道，这则报道充分展示了状元小学在教育信息化应用工作中的大胆尝试。

一 初识云技术，点燃教师云课堂教学改革热情

（一）学习取经，制订方案

初识云课堂，起因在于学校书记参加教育部“中小学校长信息化领导力提升项目”培训，教育信息化让李书记看到了学校发展的捷径和希望，他将这一团“星星之火”带回状元小学行政团队，大家的思想受到极大的洗礼。当时恰逢上级领导视察，他们提出让新建的状元小学在云课堂建设方面进行大胆尝试，通过信息化推动新校快捷发展。于是，学校多次邀请云平台的技术员对全体行政专干、教研组长等中坚骨干力量进行培训。一时间，“星星之火”在全体行政人员的心中蓬勃闪耀。

教育信息化让全体行政人员看到了学校发展的新机遇，学校派出分管教学的副校长参加了重庆市云课堂推进会，到深圳后海小学蹲点观摩，进行了微课运用、云课堂建设的学习。杨校长对“云课堂”这一新生事物有了初步的认识，也充分感受到现代教育技术势不可挡的力量，感受到“云课堂”的运用将会大大提高课堂教学的效率和学生学习的兴趣。杨校长将学习内容与老师们做了分享，老师们大开眼界，对新生的“云课堂”有了初步的了解，对新鲜的微课运用萌生了学习的兴趣。这次学习取经，坚定了状元小学课堂教学改革的决心，有力推进了改革的步履。

领导的激情点燃了全体教师的热情，“星星之火”在全体状元人心中燎原闪亮，全体教职工民主投票，年轻蓬勃的状元人一致决定进行“光彩”云课堂平台建设，通过平台建设推进学校课堂教学改革，实现学校快速、高效发展。随后学校教科室、教导处专干，广泛查阅资料，几经修改讨论，制订了《北碚区状元小学光彩教育理念下云课堂教学改革行动方案》。

（二）依托高校，全员培训

云课堂、微课这些新兴的概念如何注入老师们的思想和行为？学习培训成了最关键的问题。好在北碚有着得天独厚的高校资源——西南大学。学校联系了西南大学计算机与信息科学学院，并与他们达成长期的友好合作协议。2014 年暑假，教科室精心策划了主题为“提升教师信息技能”的暑期培训，在历时 7 天的培训中，西南大学的师生对学校全体教师进行了“洗脑式”培训：一是，从理念上告诉老师们，什么是云课堂、微课、慕课；二是，实操式引领。老师们听了讲座后在西南大学学生手把手的指导下尝试设计微课。为了保证老师们把新技术运用到自己的教学中，学校还与西南大学开展了“高校与小学合作信息技术与课程整合实践活动”，每学期安排了 2~3 名西南大学计算机与信息科学学院的本科生或研究生与每位教师结成教育信息化伙伴，在日常教学中同帮互助，让老师们对新技术学以致用，制作微课，设计实施光彩云课堂教学，并合作发表相关论文。

二 相约云课堂，卷入家长共建“光彩”云课堂

（一）中干带头，牛刀小试

激情已点燃，培训已启动，如何将理念演变为现实，将培训所得化作课堂教学现场，从而揭开云课堂神秘的面纱，让全体教师、家长感知云课堂的优势呢？学校教科室主任率先示范，现场执教了二年级识字课《月月花》。丁主任准备了生动的微课，以微课激趣导入新课；还对识字游戏完成得好的小组进行现场拍摄，并反馈给全班学习；书写的指导，不再需要投影仪，平板拍照、同步到大屏幕即可。整堂课，学生兴趣高昂、课堂生动高效，得到全校教师与学生家长的高度认可。

（二）班级 PK，推动试点

此次示范课观摩后，家长充分感受到了学生对云课堂的兴趣，也看到了云课堂快捷的课堂互动与高效的答题反馈。学校以此为契机，在全校家长中进行了是否愿意让孩子运用平板电脑进行学习的问卷调查。有了前期的示范，80% 以上的家长都表示支持。其中有 5 个班的支持率特别高，还有 2 个班达到了 100% 的支持率。最后，学校尊重家长意愿，采取 2 个班级抽签 PK 的方式，状元小学第一个云课堂试点班级就这样产生了。

2013 级（一）班成了试点班级。教师、家长、学生都热情高涨。家委会组织全体家长购买平板电脑，当崭新的平板电脑拿到以后，班级家长义工又自发地购买平板电脑皮套、贴膜。学生们拿着崭新的平板电脑欣喜不已。如何将这份欣喜引导到学习之中呢？试点教师有自己的妙招，精彩的教学设计，随时的云端作品秀，一次次将学生的学习热情激发。随着不断的探究，状元小学云课堂也小有名气，各地前来观摩学习的人越来越多，教师和学生得到的展示与锻炼机会也越来越多。如今，试点三年的 2013 级（一）班，大多数学生养成了写电子日记的习惯，他们积累了自己的学习资源库，指导、点评、帮助他们学习成长的老师不仅有本班级的任课教师，更有云端众多的家长和网络教师。

三 广用云平台，助力师生云端绽放光彩

虽然政府财政资金困难，暂无资金投入学校信息化建设，但学校信息建设没有停步，而是努力发挥市场力量，广泛选择云平台，引入多家公司，采取合作试用。学校免费使用云平台，同时给公司提出有价值的建设性意见，帮助各云平台改进功能，从而实现学校、学生、企业的多方共赢。学校从 2014 年的一套系统试点，逐步实践选择，发展为三套系统并行试点，其中 2013 级五个班已实现学生人人自带平板电脑上课，2014 级、2011 级、2012 级的 2 个班也成为人人通（人人有平板电脑）试点班，继续试点不同平台。

学校集体研究定下一个小目标，即 2018 年秋季，学校将实现二年级及以上各班级学生均自带设备上课。为了平稳实现这一目标，学校于 2017 年 9 月开始启动人人通共享教室的建设机制，即引入公司在学校设立人人通共享云教室，安排技术人员在学校蹲点，学校安排没有实现自带平板电脑上课的班级轮流到共享云教室上研究课，邀请家长和学校教师旁听教学实践活动，家长、教师、学生在实践活动中认可人人通学习模式后，该班级即可自主实现自带平板电脑上课。

自从开展试点以来，状元教师依托各种平台不断探索实践，将信息技术与课堂教学进行了有机融合。实现课前、课后的翻转，课堂中的快捷互动，高效反馈等，激发了学生的学习兴趣，提高了课堂效率。课前，我们借助云平台，让学生将朗读课文的预习作业以录音的方式发布到平台上，学生们为了得到更多的点赞，一遍又一遍地练习，这项作业在以前教师是无法在课前检查的，而今却能快捷地在课前了如指掌。课后，我们将书面作业以拍照的方式上传到云平台，将背诵等作业录制视

频上传到云平台，作业方式多样生动，不光教师能点评，学生们也能相互学习、点赞，大大提高了学生的作业兴趣和作业质量。课中，云平台的使用更是给师生带来了福音。如在教授西南师大版二年级下册《湖》一课时，识字教学环节中，教师推荐网站让学生借助网络对“啄”“圈”进行字理识字，不仅改变了学生的学习方式，更拓展了学生的思维方式；书写指导环节中，通过照相直接投屏反馈学生作业，让作业批改和指导更快捷、高效；朗读教学中，运用微视频让学生自主选学喜欢的片段练习朗读，充分尊重每一个孩子的起点和兴趣；写话环节中，让学生将作品上传云端，同学、教师、家长共同参与评价，既激发了学生的写作兴趣，又将学生引向更广阔的学习交流平台——网络。

随着云教学平台的深入使用，教师们利用平台在线管理教学信息的功能，开启网络课堂，利用周末、晚上为学生在线上课。同时，与云南芒市第四小学开展精准扶贫课堂教学交流研讨活动，课堂上师生、生生精彩互动，实现了两地学生同上一节课，共享优质教育资源的愿望，大大拓宽了课堂范围，让看不见的云端课堂变成现实。

此外，我们也会在寒暑假或学校开展大型活动时，用云平台上传特色作业。如草把龙作品展示、读书月活动朗读音（视）频展示、传统节日研学实践活动作业展示等，借助平台，评选活动之星。云平台深受学生喜爱和家长推崇。

同时，云平台的充分使用，也让学校积淀了丰富的微课、课堂实录等教学资源，学校还成立了信息中心，助力“光彩”云课堂的发展。

一路走来，“光彩”云课堂在教师们的大胆实践中孕育、绽放。2014 年 10 月至今，学校先后接待了来自福建、云南、广东等地的教师、领导、专家以及全国骨干校长培训班、市区骨干教师培训班学员的观摩学习。学校教师先后在 2014 年重庆市信息技术应用能力提升工程总结交流会、北碚区首届教育科研骨干班结业典礼、北碚区校本研修指导者培训班结业典礼、北碚区小学第六届骨干班结业典礼上做交流发言。2014 年 11 月 12 日，学校承担北碚区中小学教师信息技术提升工程现场会小学分会场，当时全校共 14 个教学班提供了 15 节开放课堂（语文 8 节，数学 5 节，音乐 1 节，科学 1 节），展示了状元小学信息技术与课堂教学的融合研究及“光彩”云课堂研究初步成果。2015 年 5 月，学校代表重庆市参加了在青岛举行的全国教育信息化应用展览，展会上，学校教师提供了 2 堂现场说课展示和 3 堂远程互动课，获得大家的一致认可和高度关注。2016 年 7 月，学校赴内蒙古参加中国教育技术协会举办的中国学习与发展大会，带去微课作品 27 件，获一等奖 5 件，二等奖 7 件，三等奖 15 件。

2017 年 9 月，学校成功承办重庆市人人通应用研讨活动，与西南大学、重庆市教育信息技术与装备中心专家，全市各兄弟学校，平台建设单位等共商信息化手段如何与课堂教学深度融合。学校全体教师积极投身“光彩”云课堂教学改革引起广泛关注，北碚电视台、《重庆日报》、《光明日报》、《人民日报》等多家媒体进行了专题报道。重庆市中小学教师信息技术应用能力提升工程执行办崔主任对学校“光彩”云课堂给予高度评价：光彩云率先出现在重庆教育湛蓝的天空，必将引领重庆教育。这是一朵彩云，更是一朵祥云。

状元小学正快乐地行走在云课堂的探索道路上，不懈追逐精彩，不断绽放光彩！

借助“技术”积极转型，依托“数据”迈向未来

——重庆市沙坪坝区树人景瑞小学校“互联网+小学教学”管理创新案例

李华①

摘要： 重庆市沙坪坝区树人景瑞小学校于2009年建校，以“兰韵”特色文化为统领，以教育信息化为突破口，通过确立专项机制、强化组织建设、实行四位协同等措施更新信息化教学硬件，研发未来教育平台，促进了教学转型，构建了“智慧”模型，淬炼了教师团队，实现了信息技术与教育教学的深度融合。

关键词： 借技术转型；“智慧”模型；未来教育

一 立志幽谷育新芽，浸润兰香溢流芳

重庆市沙坪坝区树人景瑞小学校依兰溪而建，缘兰谷而立，秉承“兰韵无声，精心树人”的办学理念，以“灵、雅、善、慧”为育人目标，以全面推进教育信息化为契机，以未来课堂为载体，以混合式教学为常模，以师生网络综合素质评价为突破口，全面建设智慧校园、未来学校，培养学生的核心素

图1 重庆市沙坪坝区树人景瑞小学校校训

①重庆市沙坪坝区树人景瑞小学校

养，提升教师的专业能力。

从2013年实行“学本”课堂起步，通过政府引导、校企合作、家校联合，学校历时五年构建了泛在的网络教学环境、方便周到的校园生活、透明高效的管理云平台、丰富实用的资源云平台、开放多样的校本课程、互动灵活的学习云平台。

二 千岩万壑不辞劳，远看方知出处高

随着“互联网＋教育”时代的到来，景瑞人坚信，在沙坪坝区“学本”教育理念的引领下，在信息技术的支持下，一定能营造自然的教育生态。于是，学校坚定不移地开始了教育信息化的实践探索。

（一）确立专项机制，奠定建设基础

学校将教育信息化建设纳入学校章程和学校发展规划，列入学校年度计划重点任务；由校长牵头信息化建设，成立信息化办公室；先后制订《树人景瑞小学校未来教室管理制度》《树人景瑞小学校创客教室使用制度》等十多项专项管理制度。专项机制的建立和完善，使教育信息化实践呈现出学校师生协同建设、家长大力支持、社会广泛参与的良好局面。

图2 学生们使用平板电脑查阅资料

（二）强化组织建设，形成工作合力

从2014年9月筹划信息化教学起，学校校长就牵头联合信息化办公室、教导处、科研室、德育处四个部门，形成领导组统筹行动方案。科研室充分发挥教研科研的专业引领作用，以课题细化维度；教导处整合资源，累计邀请国家、市、区教育教学专家到校做有关信息化教学的讲座和培训40多次，转变传统教学思维方式，提高信息化教学水平；不仅如此，学校还与企业深入合作，开发智慧校园应用平台。

（三）实行“四位协同”，建立硬件支撑

通过政府拨款、校企合作、家校联动，部署以锐捷7108万兆交换机为核心，2.4G/5G双频无线AP、智能集成AC、网络实名认证系统为硬件基础的高带宽、多模式、全

覆盖的校园千兆无线局域网络系统，实现校园无线网络全覆盖，学生人手一台平板电脑，全部班级实现 BYOD 上课。开发定制了可穿戴手环设备，实现学生校内定位监测、门禁与打卡、RFID、校园信息同步、与教学系统和云平台同步，打通各办公环节的平台端口，使数据交互相融，形成平台化、一体化、动态化的学校管理模式。

（四）运用信息平台，增强教管智能

全力开发基于兰韵文化的管理平台、综合素质评价系统、引进 FEG 未来教育个性化教与学平台，充分运用这些信息平台打通部门界线、促进高效管理。

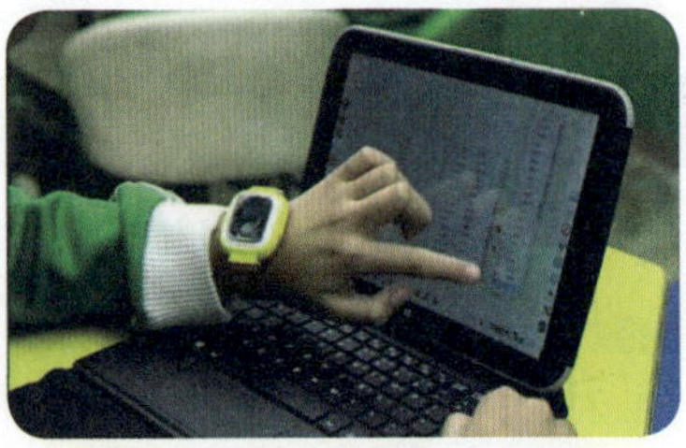

图 3 课堂上学生进行操作

三 长风破浪会有时，直挂云帆济沧海

自 2014 年实践“翻转课堂”以来，我们就不断探索在信息技术环境下“教与学”的新形态，以此加强对教师专业能力的提升，全力推动学校全面快速发展。

（一）以“技术”为突破点，有效助推“教学”转型

我们以“技术”为突破点，借助信息化优势，促进技术与学科的深度融合，教师转变教学方式，在收集数据、利用数据、分析数据、依据数据进行教学决策的过程中发展自己的数据智慧，获得专业发展。

首先，利用学校教师年轻的优势，使用移动终端进行办公和教学意识较强的特点，激发各学科教师在课堂教学中应用信息技术的创造性。其次，培养了一批善用信息技术和优质数字教育资源开展教学活动的骨干教师队伍。再次，促进优质数字教育资源的开发与共享，形成校本资源体系。最后，实现小组合作与信息技术和数字教育资源在课堂教学中合理的、有效的、深度的融合。

（二）以“课堂”为创新点，精心建构“智慧”模型

学校积极整合校内外教育资源，建设实现学校特色、满足学生需求的课程体系，建立基于信息化背景下的以学生发展为中心的个性化教学，凸显学习者的主体性、

图 4 “未来课堂”情景

关注学习者的差异性、体现未来课堂的开放性、注重教学过程的生成性、彰显教与学的交互性。

“巧妇难为无米之炊”，因此我们不断升级教学系统，从电子白板、微课宝、方正慧云互动课堂、FEG 未来系统 1.0 到 FEG 未来系统 3.0，逐步实现了教学系统的更新升级。经过不断的探究实践，建构了信息化特质的智慧课堂模型（如下表）。

表 1 智慧课堂模型

学习过程	借助慕课 前置学习	引爆问题 合作学习	拓展迁移 内化学习	进阶练习 分层学习
技术运用	数据反馈	资料择取	结果统计	作业推送
达成效果	直击目标	有效合学	夯实习得	全员生长

以信息技术为支撑的“智慧课堂”可记录学习过程中产生的各种数据，大规模的学习过程数据，能够帮助我们精准分析学习者的个体知识能力结构、个性倾向、思维特征、学习路径和学科素养发展状况。教师则可以根据学生的实际需求实施“精确供给”，实现对每个个体的及时反馈。现在，学校的信息化教学已初步实现学生的个性化，生生互动交流实现了无缝对接，以学生为中心的网络学习空间趋于完善，实现了学生个性互动的可持续性，深度激发了学生的个性潜能，将教学个性化向纵深推进，学校教育从“千人一面”的模板化培养转变成各具特色的个性化培养。

图 5 学生们使用定制手环设备

（三）以“团队”为着力点，全面推进未来教育

互联网时代的教育是开放的、合作的、创新的。为此，我们充分发挥团队的核心竞争力，重新塑造信息时代的教育工作模式，通过四项策略，凝结集体智慧，提升教师信息化教育能力。

一是辐射策略。学校成立了信息化办公室，下设到各年级，以此辐射到相应办公室，促使教师们都能够熟练运用教育信息技术。除此以外，学校还选出学生监督员，以督促和帮助其他同学正确使用平板电脑、手机等移动终端进行网络学习。二是抱团策略。备课组以学科为单位，放假前梳理出学科知识链条和微视频知识链条两条线，做到老中青教师都能心中有数。三是开放策略。向专家开放，听问题，获指点；向同行开放，谈想法，引共鸣；向家长开放，驱内力，促自省。四是全面策略。学校每学期还开展全校性的赛课活动，全校教师利用信息技术和数字教育资源进行赛课，全程录像，全面评价，课后进行全面分析。

（四）以“信心”为生长点，推动学校全面快速发展

学校的信息化建设速度正以燎原之势在学校各项工作中蔓延开来，极大地促进和推动了学校全面而快速的发展，主要体现在以下两个方面。

1. 教师整体素质的提升

现在教师们拥有较强的信息思维能力，用信息思维来开展师生的学习活动，积极建构新的教育场景已成为一种常态，致力于新的变革并勇于探索已成为一种自觉。不少年轻的优秀教师开始崭露头角，在近两年的信息化教学比赛中频频获奖。

2. 学校数字教育资源体系的建立

学校借助 FEG 未来教育教与学系统，制作了未来课堂课件 1780 件，形成了自己的资源体系。同时还吸引了大批的家长、学生参与学校的微课创作，我们的外网已经上传了师生自制微视频 2072 件、微课 1653 件，供师生资源共享。因此，由教师、家长、学生三位一体的数字教育资源体系开始逐渐形成。

四 要看银山拍天浪，开窗放入大江来

景瑞人还将继续以宽广的胸怀接纳新事物，迎接新挑战。要看银山拍天浪，开窗放入大江来，我们还进一步借助物联网完善人工智能，通过物联网技术，自动抓拍学生课堂表现，生成数据，并自动分析评价。借助智能安防系统，实现校园内人

脸自动识别，时时生成学生在校数据，精确定位学生活动轨迹；进一步建构教师教学研究空间，进一步探究全学科教学，建成校本网络资源库，实现资源互通共享；进一步实现管理无缝数据空间，实现“万物互联，互为传感”，为师生提供更加安全、舒适、节能并极具科技魅力的教学环境。

我们坚信教育是在为未来社会培养人才，是在为学生走向未来社会搭建一条重要通道。我们将一如既往地推进学校信息化建设，为学生的学习和发展创造更好的教育生态环境。我们将潜心坚守“我为世界添芬芳”的美好愿景，让兰花的芬芳愈加持久弥香。“景瑞教育”将一直行走在未来教育的路上……

参考文献

黄荣怀，杨俊峰，胡永斌 . 从数字学习环境到智慧学习环境：学习环境的变革与趋势 [J]. 开放教育研究，2012(1)：75-84.

以教学管理推进学校云课堂应用

杨琳[①]

摘要： 本文探讨了在信息化时代背景下，怎样结合学校信息化建设及教学工作实际，推进云课堂在小学教学工作中有效应用的策略，以及如何在教学实践中将信息技术与学科教学深度融合。

关键词： 教学管理；云课堂；应用

重庆市巴南区清华小学校于2011年9月建成，学校共有教学班36个，教职工100人，学生1600余人，是一所现代化、标准化的新建小学。在信息化建设硬件方面，学校建有网络中心机房1间，学生机房2间，教师备课室1间，录播室1间，云教室1间，简易智慧教室2间，校园电视系统1套，直播系统3套，服务器3台，城域网和移动网络双线出口互联网带宽，教师办公室无线Wi-fi全覆盖。在信息化应用平台方面，学校拥有基于学乐云教学平台的教学应用软件1套。

新一轮课程改革中把推动信息技术与课程整合作为重要内容，要求教师要“大力推进信息技术在教学过程中的普遍应用，促进信息技术与学科课程的整合。”教育部《教育信息化“十三五”规划》体现了以下三点理念：一是，进一步从建设走向应用；二是，进一步从单点到全局；三是，进一步从条线到融合。重庆市巴南区清华小学校是重庆市教育信息化试点单位、区云课堂试点学校，学校从2012年开始

① 重庆市巴南区清华小学校

云课堂的建设及应用。这是一项全新的工作，没有过多的经验可以借鉴，没有成型的模式可以运用。对于新生事物人们的认知程度不一，接纳程度不等，教育观念和教育思想的转变也不是一蹴而就的，对新技术的掌握和应用能力也参差不齐。为有效推进这项工作，学校结合已有教学科研的优势，以各学科骨干教师为主体，通过深入学习、实时培训、大胆探索、实践研究，初步总结出本校云课堂教学应用的策略方法。

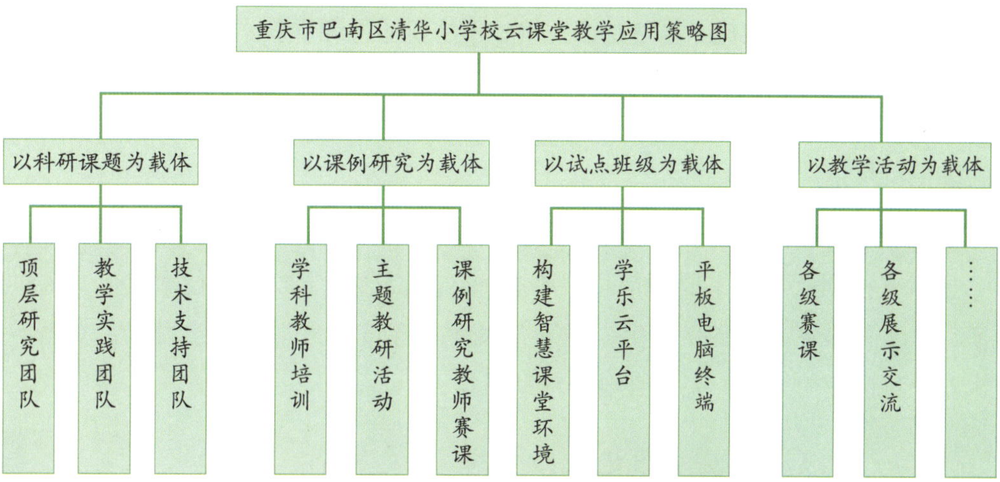

图 1 重庆市巴南区清华小学校云课堂教学应用策略图

这些策略在层级上是平行的，在实际操作中是并行的，相互之间也不是完全独立的，而是相辅相成的。

一 以科研课题为载体，“三驾马车”助力信息技术应用有序推进

在信息技术课题研究团队的构建中，我们根据学校管理、师资队伍的实际情况，结合以往课题研究的经验和需要技术的实际，打造了“三驾马车”——顶层研究团队、教学实践团队、技术支持团队。以任务驱动三个团队各司其职，完成各自的研究任务，同时又互为基础、互为补充、互为论证。

（一）“三驾马车”引领研究作用凸显

1. 顶层研究团队

顶层研究团队成员为管理、实践、技术三个方面的代表，包括课题负责人（主研、

或校级分管领导）、信息中心主任、学科骨干教师2~3人。课题负责人站在学校教学、科研工作宏观要求的角度，信息中心主任站在学校现有技术力量及课题需要技术达成度的角度，学科骨干教师站在保持学科教学本位前提下进行信息技术与学科课程深度融合的角度对课题研究方向进行精准定位，制订切实可行的研究方法。

2. 教学实践团队

教学实践团队成员主要是一线学科教师。他们的任务主要是根据课题研究的主体框架和思路进行课堂教学的实践研究。我们的课题研究服务于教学、落脚到课堂，因此架构的框架能否实施、思路是否正确，还是要通过课堂教学实践来实施、印证、调整、总结和提升的。通过对教师的系列培训，主要是信息技术能力的培训，以达到技术为我所用、为教学所用，学科教学与信息技术深度融合，并为课题最后的提炼总结提供依据。

3. 技术支持团队

技术支持团队成员主要是信息中心教师，负责落实学校信息技术建设，提供课题研究必需的技术。在课例研究、教学活动中，深度介入学科教学设计，有效实施技术与学科课程的整合，完成必要的辅助工作。

（二）各级课题层层推进成效显著

在“三驾马车”的共同作用下，学校信息技术课题从区、市、国家层层推进，在课题研究的过程中提升了教师的信息技术素养，培养了教师将信息技术与学科教学融合的实践能力，课题研究也逐层深入并取得预期成果。

表1　云课堂教学应用课题研究一览表

时　间	课　题	类　别	现　状
2011~2013年	“信息技术与学科课程深度整合的策略研究”	国家级子课题（独立立项）	中期评估、结题评审“双优”成绩异地现场会议结题
2015~2017年	“基于微课的小学三年级英语翻转课堂实践研究”	区级课题（独立立项）	结题评审中
2015~2017年	“基于云课堂的合作学习方法与策略研究”	国家级子课题（独立立项）	已结题
2017~2019年	“小学生运用网络学习空间开展合作学习的策略研究”	国家级课题（独立立项）	在研

二 以课例研究为载体，学、研、赛结合助力云课堂教学应用有序推进

近年来，学校信息技术逐渐从重硬件向重应用转变。为达到云课堂应用教师基本全覆盖的要求，学校把云课堂应用与教研活动相结合，以教研组为单位，以“课例研究”的形式进行推进。

表 2　2017~2018 学年云课堂教学应用课例研究一览表（部分）

教研组	研究主题	研究内容
低段语文组	云环境下小学语文低年级识字课例研究	主题阐释 课堂教学 执教者课后反思 观察小组评课议课 课例总结
低段数学组	“人人通”平台在数学课堂中的运用研究	
中段语文组	以学生为中心的语文云课堂课例研究	
中段数学组	“云端”的小学数学语言表达研究	
高段语文组	云环境下小学语文高段抓关键词体会人物思想感情研究	
高段数学组	“人人通”平台在数学复习课中的运用研究	

首先，学校信息中心分学科对参加课例研究的教师进行培训，让教师了解平台功能，掌握备授课、检测反馈等应用技术。其次，分学科开展主题教研活动，所有选题均要结合学乐云平台进行研讨。在课例研究活动中，教研组 1 名教师执教研究课，组内教师人人有任务，在 6 周左右的课例研究活动中开展 3 次以上的现场上课、课例研讨（包括信息技术的应用）等活动，推进信息技术的应用及其与学科教学的融合。最后，课例研究结束后，学校开展全校性的课例研究赛课活动，进行全员展示，进一步推广应用。

三 以试点班级为载体，点面结合助力云课堂教学应用有序推进

一是构建智慧课堂环境。充分利用学校现有资源，以二年级两个班为试点班级，在原班级教室构建简易智慧课堂环境。二是用好学乐云平台。该班语文、数学教师以学乐平板为终端，开展常态化教学应用。尝试运用学乐云平台课前、课中、课后不同的授课功能，学生完成与之适应的学习任务，家长通过平台对学生学习进行有效监控等，总结出云课堂环境下教与学方式的优势及存在的问题，优化现有信息技

术与学科课程融合的途径与方式，为后续推广应用找准通道。

四 以各级教学活动为载体，外力驱动助力云课堂教学应用有序推进

参与、开展各级各类教学活动也是助推云课堂教学应用的有效手段。2015年5月，学校语文、英语云课堂代表重庆市参加了由教育部与联合国教科文组织在青岛共同举办的国际教育信息化大会，青岛、重庆远程同步实时观摩了这两堂现场课；2015年6月，学校承办了全区小学英语专递课堂现场研讨活动，并承担英语专递课堂工作至今；2015年9月，学校承办了重庆市2015年秋季小学语文教研工作会暨课改专题研究会，学校语文教师成功执教了语文翻转课堂现场课并做大会经验交流；2016年9月，学校承办了重庆市2015~2016年度“一师一优课、一课一名师”主城片区专家巡回指导活动，学校三位教师执教了云课堂现场展示课；2017年11月，学校承担了全区“人人通”项目试点学校现场培训，学校两位教师执教了云课堂现场课，学校分管校长做了专题发言。此外，几年间学校还多次接待了区内外学校同行来校开展云课堂教学应用研讨活动。这些活动的开展开阔了教师的视野，更新了教师的观念，激发了教师的热情，有效地促进了教师信息技术应用能力的提升和学校云课堂教学应用工作的推进。

教育信息化是教育未来发展的方向，其核心是教学信息化，即教学手段科技化、教育传播信息化、教学方式现代化，这也是我们探索追求的目标。但在学校实际工作中，教育信息化仅靠教师的兴趣和自觉难以达成，需要在学校管理中系统地推进。在保持各学科教学本真的同时有效注入信息技术元素，让学生学习更加主动，课堂更加生动，从而培养情智灵动的新一代。

“互联网 +”再次让我走上教师专业发展之路

刘莉[①]

摘要：“互联网 +”走进校园，改变了教与学的方式。本文是通过普通中学教师在面对“互联网 +”对传统教学的冲击时，以实验为基础，尝试多种“互联网 +”教学方式，选择适合校情、学情的“互联网 +”教学平台，通过尝试、失败、选择、再尝试的过程，获得教师专业成长。

关键词：转变；云平台；实验；推广

一 见证蜕变，正视问题

教师的专业成长总与社会发展、国家政策、就职学校、自身需求息息相关。从 20 世纪 90 年代中期“286 计算机”进入学校开始，时至今日，国内各类学校依托计算机网络，通过运用各类云平台，打造智慧型校园，实现了从“传统教学”到“精准教学”的质的飞跃，其周期只用了二十多年。“计算机网络信息技术”飞跃式的发展成功地助推了“教师教学模式”的巨大改革。

伴随着天星桥中学从普通中学蜕变成重庆市独具特色的“科技特色”联招学校，我也从一名普通的教师成长为重庆市骨干教师、学校中层管理人员。

在参与学校探索特色发展道路的过程中，我发现无论探索何种发展模式，教学

① 重庆市天星桥中学

质量依旧是学校发展的“重中之重”，依旧是学校赖以生存的“生命线”。而衡量教学质量最重要的指标还是中、高考成绩，所以“创特色、抓质量”已成为学校常规工作的核心着眼点。

根据统计，天星桥中学近几年中、高考成绩中，高考节节攀升，中考却差强人意。面对目前初中生源整体素质无法改变而高中生源缩减近 40% 的现状，学校提出了“337”与“3 个一百”的升学目标。实现这一目标的关键力量就是由很多如“我”一样的教师组成的教学团队。

“我”的课堂教学生态

1.“表演课”与“常态课”差异大

“我”在赛课、研讨课、展评课中充分展现先进的教学理念，精心打造技术与教学深度融合的课堂。常态课则是一支粉笔、一块黑板、一张嘴讲到底的传统课堂。

2.“我”过度自信

作为“成熟型”市级骨干教师，“大纲”“教材”“考纲”虽有变化，“我”以“不变”应“万变”，“教书”就是“良心活”，“时间 + 汗水 = 成绩”，学生考试成绩还可以。

3.“禀赋效应”让“我”回避新技术

“我”厌恶迭代太快的技术，它逼迫“我”不停地改变教学方式，也让“我”失去教学的主导地位。对技术“我”采用不学、不用的“两不”原则。

“教师辛苦，学生累”的教学方式让“我”的学生成绩呈两端高中间低的非正态分布，让“我”的嗓子时常罢工。当望着学生那“呆滞”的眼神，“我”产生了“逃离”课堂的冲动。

这样的教学方式能培养学生的学科素养与关键能力吗？能为学生打下终身学习的基础吗？能满足“因材施教”的要求吗？

作为市级骨干教师，提高课堂教学效率，实现学生差异化教学并让学生在原有的学科基础上获得提升已成为“我”常规教学的重点改进方向。

二 使用新技术、探寻新出路

作为学校主管教学的教务主任，站在教学管理的角度，我希望技术与制度能够充分融合，实现教学管理精细化；站在教师的角度，我希望新技术与教学充分融合，从而实现教学精准化。这两点希望在“数字技术云平台”蓬勃发展的今天不再遥不可及，而是正在迅速变为现实。

（一）尝试与挫败——技术真的有用吗？

2014 年，当移动互联技术扩张时，我将课后教学与互联网联系起来——通过建立 QQ 群，从学生课后作业入手，用 QQ 群为学生布置作业。但遗憾的是，仅有几个学生通过网络上交作业。而后，我又使用了“作业盒子”让学生完成课后巩固，结果只有 4 个学生做出了回应。事后我对学生进行了调研，其中，住读的学生很尴尬地告诉我，“老师，我没有流量”。建立 QQ 群的初衷是希望当学生遇到学习困难时，教师可以通过 QQ 线上答疑，但两年半的时间，也仅有几名学生通过网络寻求帮助。

与此同时，家长的质疑声也不断，“孩子以完成老师网上作业为借口，拿着手机不放手。”“做作业直接通过‘百度’‘作业帮’找答案”“我家没有安装网线”“孩子不自觉，我已经取消了家里的上网服务”……我的互联网课后教学尝试就这样宣告失败。

通过认真反思与分析，我发现移动互联课后教学失败主要有以下原因。

第一，移动互联成本过高。我校学生家庭条件并不富裕，使用手机、电脑上网增加了家庭日常开销，提高了学习成本。

第二，学生的自控力弱。我校大多数学生学习兴趣不高、学习习惯较差、学习能力较弱，而外部环境对学生的影响较大。据统计，对大部分学生而言，手机主要是作为打游戏、看视频、聊天、发心情的娱乐工具，这让学生无视手机的学习功能。

第三，家长的技术能力低。我校学生家长总体受教育程度偏低，对新技术的使用缺乏必要的认识。

（二）希望与推广——云平台网阅系统让阶段性数据收集成为现实

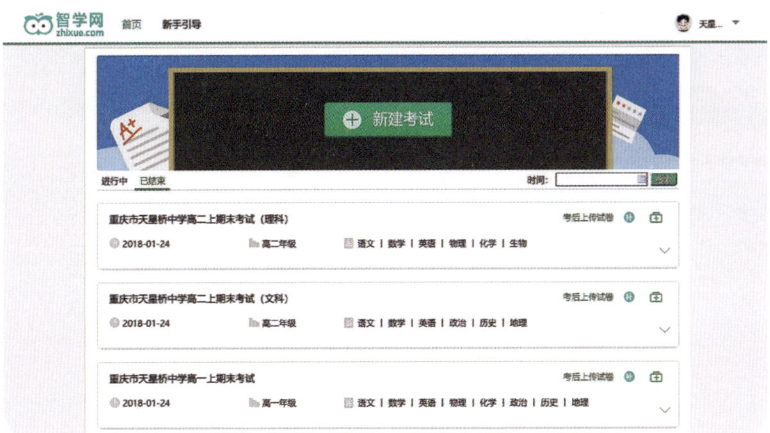

图 1 智学网阅卷平台

2015 年上半年沙坪坝区教育委员会信息中心将云平台网阅系统推荐给我校，我成为第一批“吃螃蟹”的人。当时平台还处于研发阶段，我将平台推荐给我任教的年级与分管年级作为试点。最初，无论是答题卡的制作、阅卷的设置、后台数据分析等都不能满足教师的需要，同时由于技术不熟练还增加了教师们的工作量。“禀赋效应”让老师们觉得，这种阅卷方式还不如手工阅卷。不过我深信这套系统将会大大提升教学质量量化分析的透明度、清晰度和科学性。我与对这套系统有兴趣的教师组成团队，共同研究、琢磨，学会了平台内所有的基本操作，并制作平台操作指南 PPT，利用学校的天星讲坛，对全校教师进行培训，同时采取自愿使用原则让教师自己决定是否使用平台阅卷。试用阶段，网阅平台优势逐渐显现。

网阅平台减轻了教师阅卷的工作量，提高了教师阅卷的效率与准确率。以我所教一个班的 50 份物理试卷为例对比手工阅卷与平台阅卷，具体数据如下表所示。

表 1　手工阅卷与平台阅卷对比

对比项	手工阅卷	平台阅卷
阅卷方式	集中	手机、PC、平板电脑
阅卷及统分时间	3 小时	半小时
统分出错率	高于 5%	几乎无错
成绩分析	教师分析（仅分析重要考试）	平台分析，随时调取

网阅平台大数据分析全面、翔实且有针对性。针对不同的人员开放不同的使用权限，让教师查看校级报告、班级报告、学科报告、学生报告等各类成绩报表。

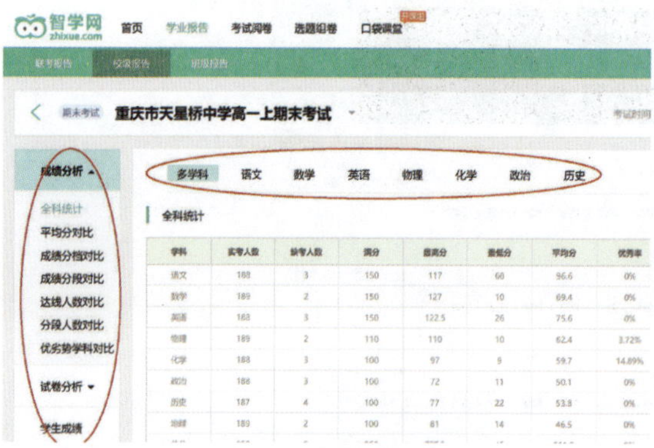

图 2　年级成绩报告

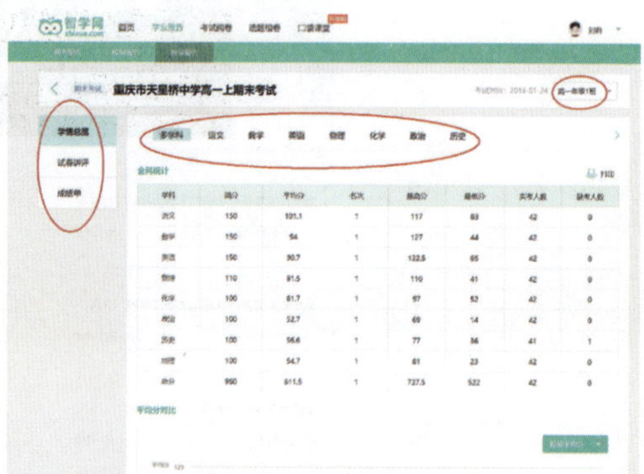

图 3　班级成绩报告

网阅平台强大的存储空间让教师不仅能够看到各题的得分率，还给出每题得分报告，同时还能查看学生的原始答题卡，为教师进行针对性试卷讲评提供了技术保障。

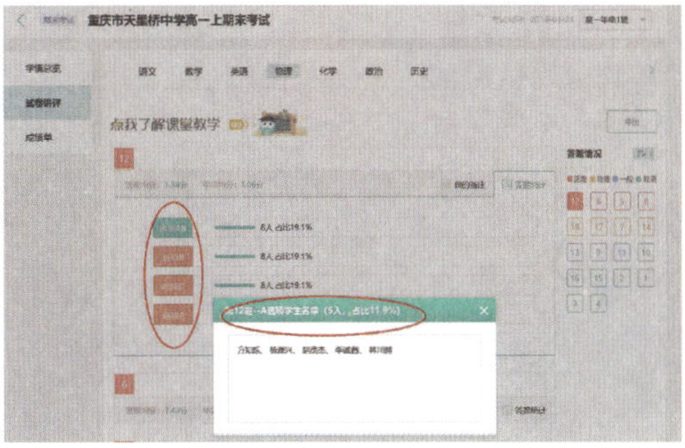

图 4 答题统计报告

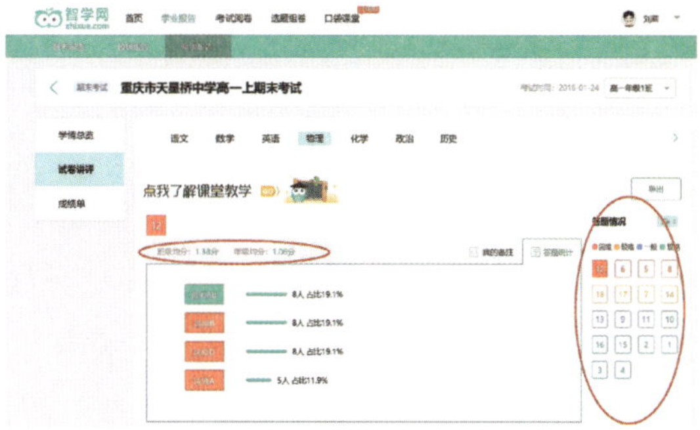

图 5 试题评讲报告

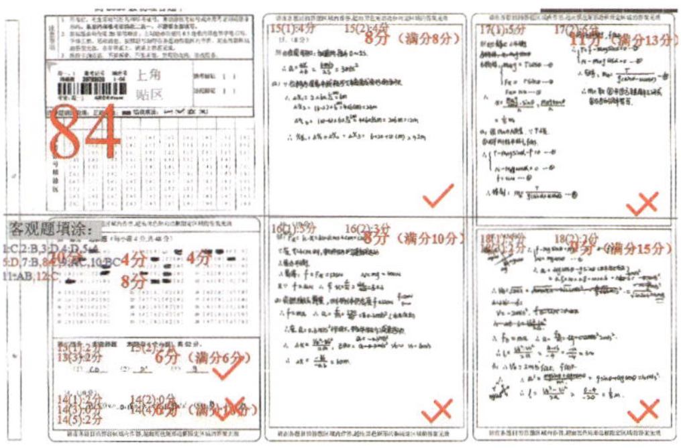

图 6 学生答题原卷

平台阅卷的优势促使我校于 2015 年下半年在全校各年级进行推广。目前，我校各年级阶段性检测全部使用平台阅卷，部分周测也使用平台阅卷，平台的使用率逐年递增。

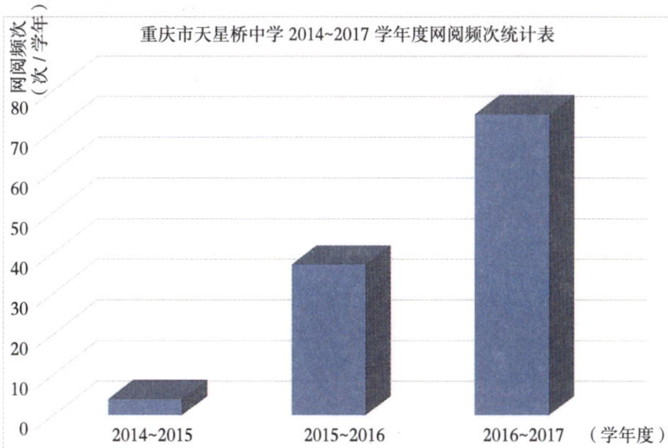

图 7 学校网阅统计表

网阅平台的使用与推广让我深刻体会到：只有当技术让我们的生活更轻松、工作更有效时，技术才能获得迅速推广并被广泛使用。

（三）拓展与创新——云平台让课堂教学过程的数据收集成为现实

当网阅得到推广后，环绕在我心头多年的那个“让云技术与课堂教学相结合”的设想再次被点燃了。

我们应该怎么做，才可以既能满足“对学生要求的公认标准”，又可以“让学生在学校教育中走出不同的轨迹”？“云技术”能否为我们提供解决问题的方案呢？2016年沙坪坝区教育委员会信息技术中心再次给学校推荐了一个云平台，该平台为教学提供了课前、课中、课后的教学手段。我校主要使用课中授课交互系统，其中课中答题器是实现师生互动的小装备。最初有4个班20名教师参与了平台使用的尝试。在我们体验使用的过程中，主要有以下体会。

1. 教学云平台的优势

（1）课堂反馈及时，为生成性教学提供可能。

常规教学教师预设多，生成少，常常感叹“我都讲得这么清楚了，你们怎么还不会呢？”小小的答题器让我在课堂教学中能迅速掌握每个学生的解答情况，并有针对性地了解学生在解答过程中存在的症结，然后选择合理的教学策略解决学生的个性化问题。

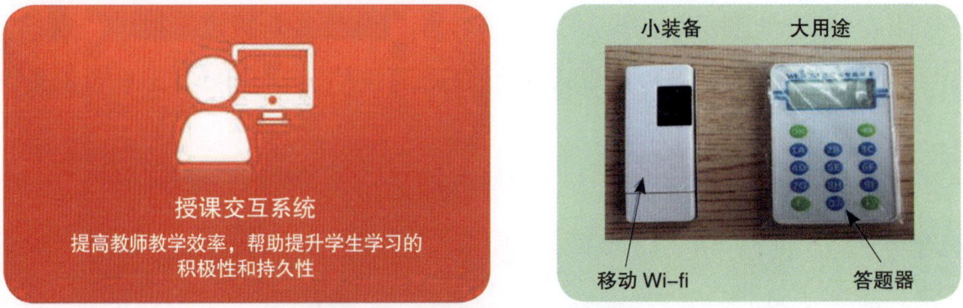

图8 课堂教学平台及设备

（2）课堂报告准确，为教师的教学有效反思提供可能。

平台为教师提供准确的课堂教学数据报告，教师在课后可以通过课堂数据分析，了解学情，反思自己教学中存在的问题，并有针对性地进行后续教学设计，从而实现基于数据的课堂教学分析，为差异化教学方式的实施提供条件。

图 9 学生课堂答题

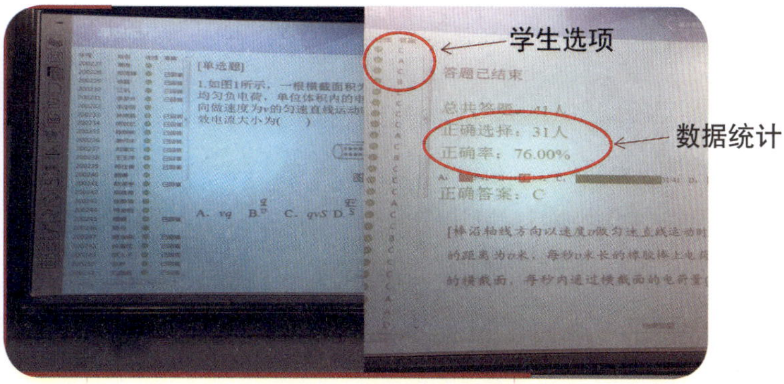

图 10 课堂实时报告

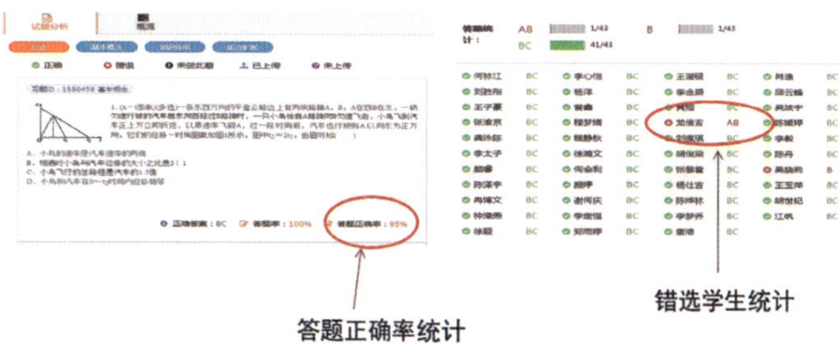

图 11 平台数据报告

2. 教学平台目前存在的问题

平台试用期间，参与使用的教师逐周减少，使用的次数也逐月减少。究其原因主要如下。

（1）终端设备简洁，功能单一，只能收集客观题部分数据，学生课堂学业评价不完全。

（2）平台系统资源比较少，系统更新慢，课堂教学的自动推送能力不够，这导致教师在使用过程中前期操作复杂，后期数据统计分析困难，长期使用，大大增加了教师的工作量。

平台的使用遭遇了寒潮。不过，通过云平台进行实时课堂评估与反馈仍然是我们实现课堂"精准教学"的必要手段。通过对平台前期使用的分析与反思，我校与沙坪坝实验外语学校、沙坪坝区上桥中学联合成功申报了沙坪坝区"云智能教育平台在卓越课堂教学中的应用试点"项目。我们将在今后的两年内，借助区域发展规划，整合多方资源，尝试多种平台，探索与推进云智能教育平台在教学中的使用，利用云计算、大数据、人工智能技术，全方位记录师生行为过程和结果数据，通过以大数据为基础的学情分析和发展性评价开展个性化有效教学，达到因材施教的目的，从而在“互联网 +”和“智能化信息生态环境”中构建以学习者为中心的教学新模式，实现学校、区域优质教育资源的生产、存储和应用。在智慧校园快速发展的今天，我们期许——云平台技术的引进与使用，让我们通过大数据分析，给教师与学生提供更多的相关教育与学习经验，让教学与学习保持正确的方向，从而达到各类考试的国家标准要求。

三 直面困惑，执着前行

各类数字技术引入教育、教学管理给我们带来便利的同时，也给我们带来了以下困惑。

（1）部门多、项目多、系统多、系统之间不兼容、更新速度快、培训多，让使用者无法有效熟悉系统、高效使用系统。

（2）虽有大量的数据，但是学校缺乏专业的数据分析人才，数据无法有效提取与分析，大量的数据成为冗余。

（3）大量学生信息数据被收集，数据的安全问题给学校引进并使用技术带来了新的挑战。

但是，无论当下数字信息技术存在何种问题，在现实生活和工作中，数字信息技术正在改变我们思考、交流、获取知识的方式；同时，也在改变我们与他人建立联系的方式；更改变着我们看待自我以及自身能力的方式。目前，教师专业发展主要存在三个维度——技术维度、实践维度和批判维度。技术与教育的融合让我再次踏上专业成长的新道路。

德国教育家雅思贝尔斯说：“人，只能自己改变自身，并以自身的改变来唤醒他人。”教育委员会、信息中心、学校给我们搭建实践平台，让我们能够在平台上借力发展自己，并以自身的变化影响他人。

参考文献

[1] [英] 维克托 · 迈尔 – 舍恩伯格，肯尼思 · 库克耶 . 与大数据同行——学习和教育的未来 [M] . 赵中建，张燕南，译 . 上海：华东师范大学出版社，2015.

[2] 余闻婧 . 论教师专业发展的体验逻辑 [J] . 基础教育，2017（1）：86-92.

启课堂智慧化新征程，谱教育信息化新华章

——重庆市铜梁区巴川初级中学校有效推行“智慧教室”建设

雷开琴①

摘要：本文主要阐述了在“互联网 +”浪潮席卷基础教育的时代背景下，渝西地区一所普通初中学校在学校建设“智慧教室”，演绎“智慧课堂”的探索历程。通过对建设前的软硬件改造，建设中的理念更新和实施举措，建设后的效益显现进行逐一分析，揭示出中小学校建设“智慧教室”、演绎“智慧课堂”的重要性、必要性和可操作性。

关键词：智慧教室；智慧课堂；教师成长；学生进步；教学成效

近年来，在“互联网 +”浪潮席卷基础教育的时代背景下，铜梁区教育委员会高度重视中小学的课堂信息化建设工作，铜梁区教育信息技术与装备中心也紧紧追踪教育信息化的发展前沿，倾力指导各校的教育信息化工作。置身于这样的教育发展氛围中，铜梁区巴川初级中学校坚持“以教育信息化促办学质量提升”的教育理念，在教育信息化的征程上脚踏实地，锐意进取，勇做时代的弄潮儿。2017 年 4 月，学校在初 2019 级挑选 6 个班，开始进行“智慧教室”建设的初步探索。同年 9 月，又在初 2020 级挑选了 8 个班进一步开启“智慧教室”的建设步伐。行走在教育信息化前沿的铜梁区巴川初级中学校，努力寻找教育变革与“智慧教室”的结合点，努力打造数字化云课堂校园，并以此促进教师的专业成长和学生的全面发展。

①重庆市铜梁区巴川初级中学校

一 “智慧教室”的创建，软件硬件是保障

“智慧教室”的建设，对校园网络的软硬件质量要求很高。在区教育信息技术装备中心和浙江学海教育科技有限公司的指导下，学校对校园网络进行了全面升级改造：一是，机房更换核心交换机等设备；二是，新安装移动光纤网络，与城域网并网运行，增大出口带宽；三是，公司技术人员配合学校，安装调试好每间教室的“智慧教室”云平台终端、AP 终端、激光投影仪与电子白板、添置充电柜等。通过这一系列建设，学校的校园软硬件就完全能满足“智慧教室”建设的需求。

二 “智慧教室”的推行，观念转变须先行

（一）更新教师理念

在“智慧教室”建设之初，学校许多教师认为这是额外增加自己的工作量，有抵触情绪；还有的教师担心做不好，有畏难情绪，工作推进很不理想。

鉴于此，学校和学海教育科技有限公司就静下心来专注地做一件事：更新教师理念。学校多次召开“智慧教室”实验班级任课教师会议，宣讲“智慧教室”推行的重要性、必要性和可操作性，从思想层面打消他们的诸多顾虑。同时，学校还多批次地派出骨干教师，到浙江、江苏等“智慧教室”建设先进的学校去实地考察观摩。慢慢地，大多数教师认识到：“智慧教室”能够构建全新的个性化先进课堂，简洁、舒适、灵活，并且利于多元化教学和师生互动。建设“智慧教室”是新时代“互联网 + 教育”在课堂教学变革中的必然要求，所有教师必须主动拥抱这一改革。

教师培训是“智慧教室”建设的先行环节。学校非常重视“智慧教室”建设的师培工作。在建设之初，学校聘请的浙江学海教育科技有限公司技术员长驻学校，深入班级。每天下午，学校集中安排一节课的时间，让驻校技术员对“智慧教室”实验班级的教师进行业务培训：如何设计预习作业？如何录制微课？如何推送？如何进行课堂监控？如何批阅并分析预习作业、课堂作业、课后作业？

经过培训，教师们终于明白，建设“智慧教室”不但没有增加工作负担，反而大大减轻工作量，尤其在作业完成的监督方面，批阅的实效性，分析的全面性和精准性方面，更是事半功倍，好处甚多。教师理念转变了，课堂变革初入正轨！

（二）转变家长观念

建设“智慧课堂”，如果家长不配合，难度是不可想象的！为此，我们采取的攻略是：家长学生共同体验，从而打消家长顾虑。

家长的忧虑集中在：孩子使用平板电脑，会不会因缺少自控力而一心想打网络游戏？学生“玩”电子产品会不会导致课堂精力不集中？

针对家长的这些顾虑，学校特地多次召开由家长参与的建设推进会，这些推进会和我们平时所见会议的区别在于，特别注重演示和体验，而且是家长和孩子一起体验。

家长担心孩子会利用平板电脑偷偷上网去“玩”，教师就演示给家长看：平板电脑是做了底层技术处理的，教师开启网络，学生才能通过百度搜索查阅资料。教师关闭网络，学生就不能连接外网，根本不可能去玩游戏。家长担心即使不能上网，孩子也会点击和课堂无关的其他内容，教师就演示：教师开启自主学习功能，学生可以操作和学习有关的内容，关闭自主学习功能，学生的平板电脑就只能接受教师推送的内容。不需要使用平板电脑的时候，教师就直接选择黑屏功能……针对家长的困惑和顾虑，教师反复地、有针对性地进行功能演示，并且在演示时，教师、家长和孩子一起来感受和体验。这些别开生面的推进会，打消了家长的重重顾虑。家长积极支持，迅速为孩子购买了平板电脑。学校“智慧教室”项目推进的最大瓶颈终于得以突破！

三 “智慧教室”的实施，管理制度不可缺

为了保障“智慧教室”课堂变革顺利实验，学校成立了以校长为组长，分管教学的副校长、信息技术主任与教务主任为副组长，实验班班主任为组员的管理小组，实行精细化管理。分管教学的副校长、信息技术主任与教务主任作为项目的具体管理者，做到处处精细，步步落实，随时随地处理实验过程中出现的新问题。

除了加强管理，学校还陆续制订了《巴川初级中学校“智慧教室”实验班电子平板的使用制度》《巴川初级中学校“智慧教室”实验班级管理制度》《巴川初级中学校“智慧教室”实验班级教研教改制度》《巴川初级中学校“智慧教室”实验班级考核制度》《巴川初级中学校“智慧教室”实验班级奖惩制度》《巴川初级中学校“智慧教室”实验班级题库的建设更新制度》等相关规章制度，这些制度在管理中一一落实，切实保证了实验的顺利开展。

四 “智慧教室”的演绎，教师学生齐进步

（一）教师专业成长

学校在课堂变革初入正轨之后，为了提高“智慧教室”实验班级教师的业务水平，开展了系列辅助活动。一是，开展了每两周一次的平板教学应用分享常态交流会。在交流会上，不同年级、不同学科的实验班教师轮流分享自己的使用心得，从而在学校形成研修与实践并行的教学教研新常态。二是，开展教师微课制作比赛。三是，开展“智慧课堂”教学模式与案例论文比赛。通过这些教研活动，教师经历了入门、洗礼、转变、提升这样一个螺旋上升的过程，教师在实践中超越自我，教学手段日益多元化。

（二）学生学业进步

1.课前预习卓有成效、课后辅导质量跟上

课前，教师会在“云作业”中把丰富的预习内容发给学生，学生在平板电脑上完成。教师实时接收学生的作业情况，对学生进行监控，比如完成人数、完成时间、成绩、答案等。有了预习的数据分析，教师授课有了针对性，学生学习有了明确性和主动性，效率自然得以提高。课堂效率提升后，师生交流、课后辅导的时间相应延长、质量提升，长久下去，就会促进学生学业持续进步。

2.课堂教学面向全体，及时高效反馈信息

在课堂教学中，教师若要进行一个课堂小测验，教师端就开启互动课堂功能，大数据分析功能就可以马上看到所有学生的测试情况。当堂检测，教师及时了解学生的知识掌握情况，有利于实施精准教学辅导。

3.基础练习模式新颖，刷题机制激发潜能

在各科练习中，要使用“刷题王”。这种练习模式不是传统的题海战术，而是设计了个性化的刷题模式，不同的学生，对应的练习题目难易程度不一样。在循环上升的练习中，“刷题王”独有的抽题机制使得每位学生都能做到个性的、跨章节的题，从而达到循环复习的目的。最重要的是，“刷题王”在学生端有一系列的刷题机制，能够激发学生的刷题兴趣。（该机制有三个特点：排行榜，学生通过自练刷题可以不断提升等级，激发主动意愿；刷题连对惊喜分，能够提高学生的刷题兴趣；诚信分，可以防止学生乱刷题）

五 “智慧教室”的探索，教学成效初显

短短几个月来，学校通过对“智慧教室”建设的探索与实践，已经取得了初步的教学成效。

（一）教学手段多元有效

该项目最终实施者是各学科的一线任课教师，只有让教师们感受到“智慧课堂”的魅力所在，他们才会乐用并善用。在不断探索中，参与“智慧课堂”建设的教师们对课堂软件的运用、高拍仪的使用、微课的制作、导学本的上传、作业的批改等业务日渐熟练，成效日显，大家初步尝到了教学手段多元高效的甜头。

（二）教学理念更新重构

在“智慧课堂”的探索实践中，教师们不断交流学习，逐渐形成了从以“教”为中心向“创新培养”理念的转变，从教学形态、教学模式、评价机制等方面进行了理念重构。这些深层次的理念更新，为“智慧教室”的进一步实施和推广奠定了坚实的基础。

（三）教研成效辐射全国

“智慧教室”的建设和实施，为学校的一线教师，特别是年轻教师带来了挑战和机遇，他们积极探索，充分利用现代信息技术，激情满怀地尝试教育模式创新，涌现出了一批有活力、有拼劲、有课改理念的创新型教师，他们撰写的论文、制作的微课，陆续获得了国家级、省市级、区级奖。他们制作的一些微课还成为某些著名教育网站的收费作品。

六 “智慧教室”的困惑，未来发展的动力

尽管在“智慧教室”的建设中我们取得了初步成效，但是在实践中我们也遇到了不少困惑。例如，学科资源库的有效建设问题就一直困扰着我们：各学科资源库建设的质量标准如何界定？资源库如何及时有效地丰富更新？学生如何充分有效地利用好资源库？我们正组织教师对这些问题进行深度思考和攻关，我们坚信，这些困惑正是我们继续前进的动力！

综上所述，学校坚持认为，建设“智慧教室”，演绎“智慧课堂”，可以促进课堂、

学校与教育真正面向未来，从而满足中华民族伟大复兴对基础教育变革与创新人才培养的需求，学校将继续以“智慧教室”助推课程改革，以“智慧课堂”提升学生核心素养。我们坚信，不久的将来，巴川初级中学校的“智慧课堂”一定会开出智慧鲜花，结出智慧硕果！

参考文献

[1] 李鸿科 . 基础教育课程信息化的理论与实践 [M]. 北京：中国社会科学出版社，2015.

[2] 梁伟雄，沈德海 . 信息化条件下的基础教育管理与教学 [M]. 北京：世界图书出版公司，2013.

[3] 王保中 . 日本基础教育信息化与信息教育 [M]. 济南：山东大学出版社，2009.

“互联网＋教育”思维下云课堂交互式学习在小学语文教学中的应用

杜娟[①]

摘要：“互联网＋教育”是《国务院关于积极推进“互联网＋”行动的指导意见》的产物，也是顺应《国家中长期教育改革和发展规划纲要（2010—2020年）》中把改革创新作为教育发展的强大动力的需要，是加快教育信息化，促进教育现代化，推动教育创新与改革的必然。在信息技术高速发展的今天，传统课堂中的“黑板＋粉笔”式的教学模式已经不能满足现代教育的要求，所以本文就“互联网＋教育”思维下“小蚂蚁慧学云课堂”交互式学习在小学语文作文教学、阅读教学、生字教学、作业处理和日常教学中的应用进行了一些探究。

关键词：“互联网＋”；云课堂；交互式；小学语文

随着新媒体时代的到来，在国家“互联网＋教育”发展战略的背景下，云课堂教学模式正在促进和推动新一轮的教学改革。乘着改革的春风，重庆市梁平区双桂小学进行了一项云课堂促进农村小学课堂教学方式变革的实践研究，本人承担了云课堂交互式学习在小学语文教学中应用部分的探究，通过长时间的教学运用实践和经验积累，下面就部分探究成果与大家分享。

① 重庆市梁平区双桂小学

一 概念阐释

服务于教育教学的云课堂，作为一种创新的教学形式，就是借助移动互联网、运用云计算技术、基于网络教学平台进行教学的一种虚拟课堂。学生通过网络终端，可以不受时空限制，随时随地主动访问网络教学平台，获取所学知识的学习资源，接收授课教师的学习任务，反馈阶段性学习成果，与同学、教师、家长等不同用户开展交流、讨论、分享等学习活动。也可以说，云课堂就是一种实时高效、灵活便捷、全方位互动的自主探究式学习形式。

“交互式学习”是当今高速发展的电子科技和多媒体交互催生的新型学习方式，它转变了传统课堂的“黑板 + 粉笔”式的教学观念，在教学过程中有效地借助网络教学平台，运用多样化的教学形式，在师生之间以及生生之间形成双向交流、互动、合作的关系，以提升课堂效率和学生的学习效果。

二 理论基础与依据

“互联网 + 教育”是《国务院关于积极推进“互联网 +”行动的指导意见》的产物，也是顺应《国家中长期教育改革和发展规划纲要（2010—2020 年）》中把改革创新作为教育发展的强大动力的需要，是加快教育信息化，促进教育现代化进程，推动教育的创新与改革的必然。“互联网 + 教育”改变了传统的观念，云课堂在“互联网 + 教育”思维的指导下得到了飞速的发展和广泛的应用。

三 教育现状与研究意义

农村地区学校师生获取知识和信息的渠道相对较窄，云课堂教学模式通过整合形式多样的教学资源，让教学活动、教学方式等不再受时间和空间的限制，它借助网络教学平台在学生之间、师生之间、家校之间传递信息，增进各方面的有效沟通和交流互动。学生借助云课堂可以即时与世界各地的用户共同分享学习资源，交流自己的学习成果。云课堂通过变革课堂教学方式来提升学生的学习兴趣和学习效率，从而提高教育教学质量。

四 应用案例

（一）“小蚂蚁慧学云课堂”交互式学习在小学语文作文教学中的应用

使用步骤如图 1 所示：（1）学生把自己写好的作文发送到“小蚂蚁慧学云课堂”网络教学平台的公屏里共享；（2）教师挑选出一篇范例让学生们一起批改；（3）学生自主批改例文（如图 2），然后再发送到公屏里共享；（4）教师将学生对例文的批改意见进行归纳、讲解并做补充；（5）学生再次批改例文，把最终批改好的例文发送到公屏里共享，教师评选优秀作品并做总结。

亮点：（1）学生能够发现问题，并自主解决问题；（2）真正做到学生主导课堂，教师辅助引导；（3）公屏多次循环，知识阶梯式巩固。

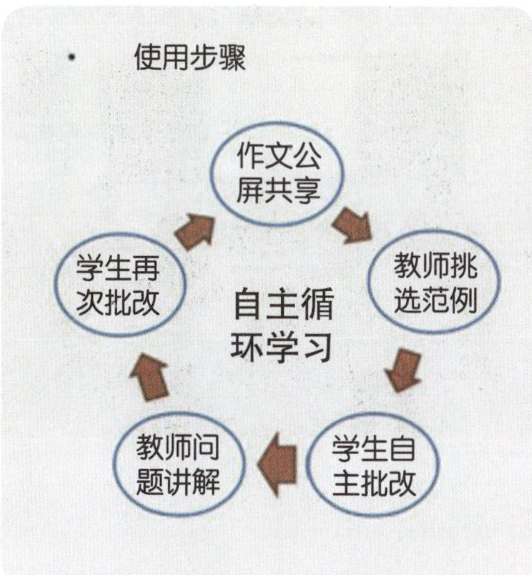

图 1 自主批改作文步骤

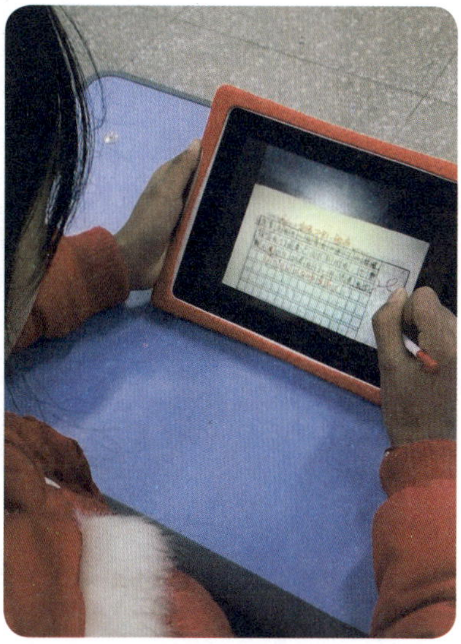

图 2 学生自主批改作文

（二）“小蚂蚁慧学云课堂”交互式学习在小学语文阅读教学中的应用

操作方法：（1）教师选定一个课内主题文本，围绕课内文本的主题，选用多篇同主题或类似主题的文章，设定一些讨论的议题；（2）教师将以上群文阅读方案发送到小蚂蚁网络教学平台的公屏里，让学生先自行阅读文章（如图 3），然后将完成的议题结果反馈到公屏里；（3）学生针对别人的见解和自己的想法进行自由探讨、质疑和辩论；（4）教师做好引导和总结。

图3 群文阅读教学

这样的阅读方式不但节约了纸张，而且很好地配合了不同水平的学生的阅读进度，还能长久地保存阅读、讨论的内容以供查阅。它让优秀的学生有更多展示自己的平台，让不同的思想碰撞出智慧的火花，让后进的学生在观看别人的“热闹”时，也可无形中汲取别人总结出来的智慧和经验。

（三）“小蚂蚁慧学云课堂”交互式学习在小学语文生字教学中的应用

图4 汉字听写比赛

比赛规则：汉字听写比赛分为小组对抗赛和踢馆赛两轮。全班学生分为五组，每组每场只派一名学生参加比赛（如图4），直到比赛结束，总分最高的小组获得小组对抗赛冠军；踢馆赛分三场，每场每组可任选一人挑战对抗赛冠军组，以总分最高的小组获得踢馆赛冠军。听写内容全程公屏展示，学生的作品也公屏分享，这样就起到了大家监督和快速统计成绩的作用。

在电子产品飞速发展的今天，“提笔忘字”的现象非常普遍，我们举行汉字听写比赛意在提高学生识记汉字的积极性，并唤醒更多的学生对汉字基本功引起足够的重视，从而更加牢固地掌握所学知识。

（四）“小蚂蚁慧学云课堂”交互式学习在小学语文作业处理中的应用

课堂上，学生反馈个人作业或小组探究学习成果可以拍照传图到公屏里（如图5），教师可以随手批改、标注笔记（如图6），师生都可以对自己认为重要的、有意义的内容创建笔记，以便随时查阅。

图 5 学生反馈作业

图 6 教师批改、标注笔记

结合“小蚂蚁慧学云课堂”网络教学平台对课中练习、课后检测的智能化数据分析，教师和学生都可以根据自己的具体情况创建错题集（如图 7），这既是阶段性的学情评估，又是知识点梳理和巩固的依据。

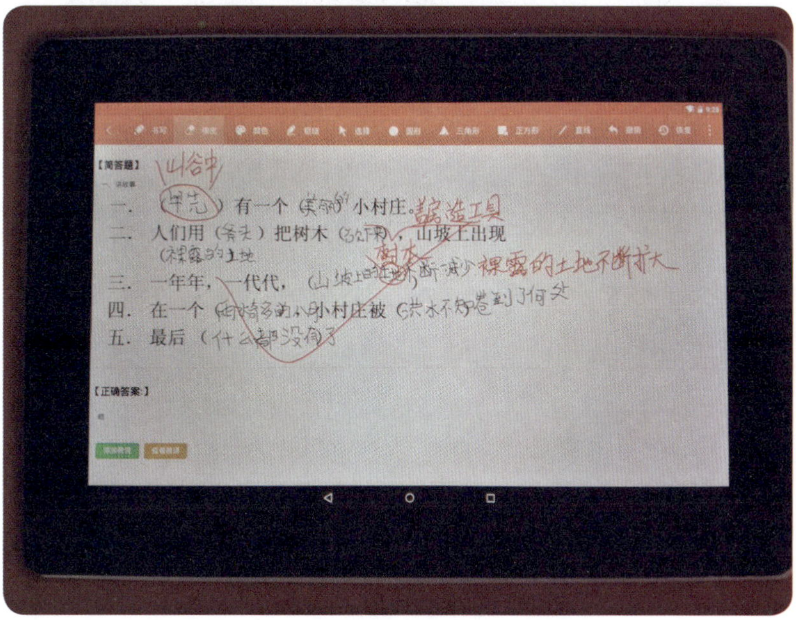

图 7 妙用错题集

（五）“小蚂蚁慧学云课堂”交互式学习在小学语文日常教学中的应用

走进我们的课堂，你可以看到每个人都在专注地操作着手中的平板电脑（如图 8）。学生可以通过“小蚂蚁慧学云课堂”网络教学平台（如图 9）提前查看老师发布的课前预习资料，与老师和同学之间互动，自由讨论老师发起的话题，并分享自己的学习成果，表达自己的学习感受。教师根据学生就议题输入平板电脑中的答案，可以随时了解学生对所授内容的接受情况，并及时有针对性地辅导学生。在交互式学习中，学生获取知识的渠道不再只是老师，还可以是同学、家长、朋友和各种信息平台。“小蚂蚁慧学云课堂”让家长也参与进来，随时掌握孩子的学习进度，关注孩子在学校的表现，增强对孩子的监管力度，更有利于教育教学的顺利进行和学生的健康成长。

图 8　课堂应用展示

图 9　云课堂交互模式

五 总结

"小蚂蚁慧学云课堂"交互式学习采用线上教育和线下教育相结合的模式，关注课前、优化课中、提升课后，全面支持讲、练、测、评等环节，着力打造一个人人皆学，处处能学，时时可学的学习环境。教学数据统一存储分析，并生成有价值的发展性学习评价。通过学校及本人两年来的教学应用实践，云课堂交互式学习使教师、学生和家长之间建立起了良好的沟通互动桥梁，教育教学质量得到了显著提高。我们期待着在社会的关注和团队的努力下，"小蚂蚁慧学云课堂"交互式学习能在更多学科、更多领域拥有更加卓越的表现。

参考文献

汪万宽，谭雪梅 . 探索云课堂的教学设计——以"我们只有一个地球"数字化教学设计为例 [J]. 中国教育技术装备，2014 (15)：73-75.

一朵“云”改变了我和我的小伙伴们

陶征[1]

摘要：近年来，信息技术与学科的深度整合强烈冲击着传统教学模式，教师应适应教育信息现代化的要求。作为英语教师，本人在一次偶然的机会中感受到了网络给教学带来的方便。此后，本人坚持在教学中着力研究如何将信息技术与课程有效地整合，发挥其优势，克服其弊端。几年的探索与实践已逐渐培养了学生的创新和实践能力，有效提高了教学效率，助推了学校信息技术与教育的改革和发展。

关键词：识“云”；拨“云”；踏“云”

德国哲学家雅斯贝尔斯说：“教育意味着一棵树摇动另一棵树，一朵云推动另一朵云，一个灵魂唤醒另一个灵魂。”在我看来，教育者和受教育者就像云朵一样，都是有可塑性的，只有作为教育者的我们不断地完善自我，才能推动另一朵云向前进。所谓教学相长，大概就是这个意思吧。

那么我们该从哪些方面不断地完善自我呢？过硬的专业素养，渊博的知识，灵活的教学机制，严谨求实的教学风格，简练幽默的教学语言，新颖的教学观念和娴熟的教学技能都是必不可少的。而在当今信息技术时代的主题下，最重要的就是能熟练地运用信息技术提高教育教学效果。这其中不得不说的就是关于改变我和我的

① 重庆市巴南区清华小学校

小伙伴们的那朵“云”的故事。

一 天空飘来一朵“云”

2011 年，巴南区启动了云课堂项目试点工作，在区教育委员会的大力关怀和支持下，巴南区清华小学校成为第三批云课堂项目试点学校，云教育室和录播教室于 2014 年底建成并投入使用。每次路过这两间科技感十足的教室，看到里边摆放着整齐的六边桌和崭新的平板电脑，我心里就暗暗地想，要能用这样的设备上课，无论对教师还是学生都会是很幸福的事。2012 年，我参加了“重庆市小学英语现场赛课”并获得一等奖。那堂课上，我用笔记本电脑替代课本，让学生在电脑的帮助下参与小组合作，学习如何发送电子邮件，课上得很精彩，使用笔记本电脑教学既解决了小组合作学习的实效性和有序性，也迈出了英语学科与信息技术整合的一小步。我还记得评委在点评时这样说:“这是一堂将英语课程和信息技术结合得十分密切的课，可操作的 Flash 为学生的小组合作探究提供了有效的学习策略，教学方法独到、创新。这位老师的背后一定有十分强大的信息技术团队做支撑。”这是我第一次和微课“亲密接触”。赛课结束后，我对自己的这堂课进行了深刻的反思，得出的结论是教师能够在信息技术的帮助下缩短教学时间，让学生有效地自主、合作学习。于是从那以后，我就开始尝试将某些知识点制作成短视频，在课堂上播放给学生观看，并分配相应的任务。也许，正是因为我敢于尝试，敢于打破以往的教学方式，2015 年 1 月，在区现代教育信息中心的指导和学校领导的鼓励下，学校信息技术教师帮助我真正用上了云教室，从而开始了我的云课堂教学。

二 拨“云”见日，我们从“心”出发

2015 年 4 月，学校成功举办了云课堂试点展示活动。紧接着的 5 月，教育部为配合国际教育信息大会在青岛召开，举办全国教育信息化应用展览活动，重庆市教育信息技术与装备中心指定由我校代表重庆市执教一节语文、一节英语云课堂课，参加全国教育信息化应用展览活动。而正在使用云课堂教学的我顺理成章地承担了那节英语云课堂互动体验课的任务。“天将降大任于斯人也，必先苦其心智，劳其

筋骨……”，在接受任务后，我和我的团队积极地备课。而第一次试讲的结果却让人大跌眼镜，在暴露出的各种问题中，最大的问题是课程超时。课后我和团队成员一起认真地分析了课程超时的根本原因：学生的知识储备参差不齐，从而导致课堂上使用平板电脑交互学习的环节不能在规定时间内完成。面对英语这样一门特殊的学科，如何让学生在课堂中自主学习、合作学习是所有小学英语教师亟待解决的问题。学生能在不会认读单词、句子的情况下自学和合作学习吗？我虽然找到了问题的关键，但苦于寻不到解决问题的办法。

一天晚上，当我正面对电脑修改课件时，一位家长在班级群里向我求助不会读的句子。我耐心地用语音功能将句子读了两遍发到群里，两分钟后群里的另外几位家长也随即现身，要求我将其他句子的标准读音也发到群里。一时间，平时静悄悄的群变得热闹起来。家长们都觉得这个方法解决了学生不会读，读不准确的问题，希望我以后可以多用这样的方式帮助孩子。一语惊醒梦中人，我为什么不能把事先录制好的单词、句子教学视频用在我的这节课里呢？我立即开始设计新的教学方式，将这节课需要课前掌握的单词和句子录成动画视频，通过学乐网提前发送给学生，帮助孩子们在课前解决最基本的有关单词、句子发音和意义的问题。果然在随后的试讲中，学生在课堂使用平板电脑进行自学、小组合作交互学习时效率大大提升。随后的一周里，在团队集体智慧的努力下，经过无数次的尝试和修改，还加入了课前微反馈环节，让我能更全面地了解学生的知识储备情况，以便随时调整课堂教学方式。在重庆市教育信息技术与装备中心、区教育委员会和区教育信息技术与装备中心的关怀下，我的这堂课历经了无数次的讨论、修改和演练。磨课的过程是非常艰辛的，也正是因为这样的历练，让这堂课最终展示出了非常好的效果。

三 踏“云”前行，我们在路上

虽然这堂展示课非常成功，但我们并没有因此而停止不前，在国家级子课题“基于云课堂的合作学习方法与策略研究”和巴南区基于微课翻转课堂重点项目课题“基于微课的小学三年级英语在‘翻转课堂’中的实践方法和策略研究”的推动下，我们不断地完善云课堂教学环境下的合作学习策略（如图 1）。

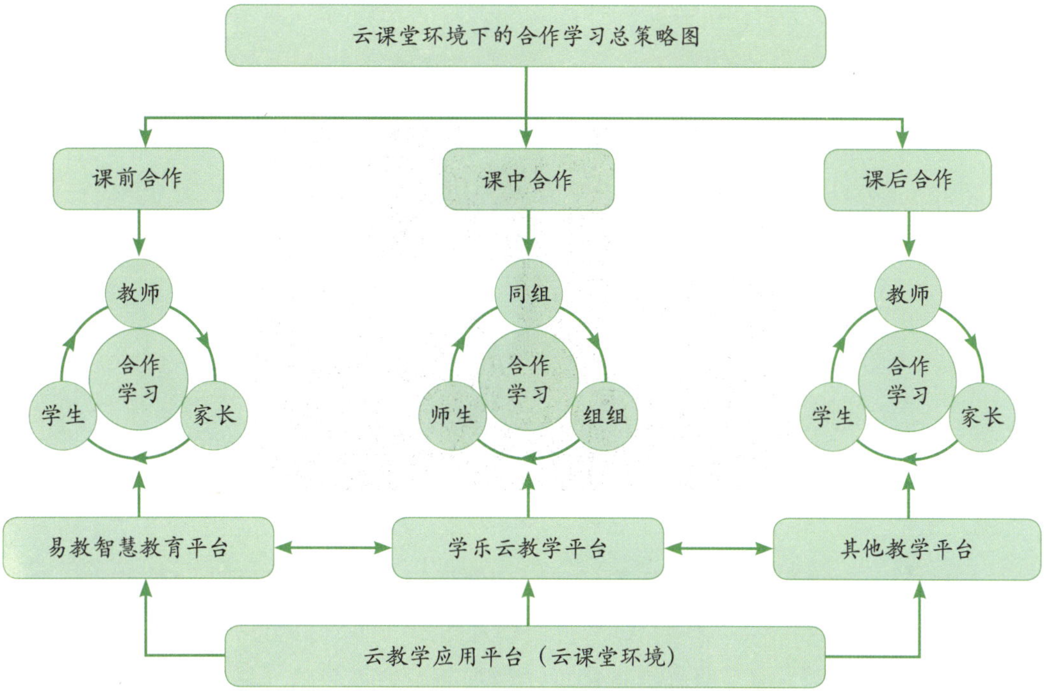

图 1 云课堂环境下的合作学习策略图

根据不同的课型改进云课堂的课前、课中、课后教学策略（如图 2）。

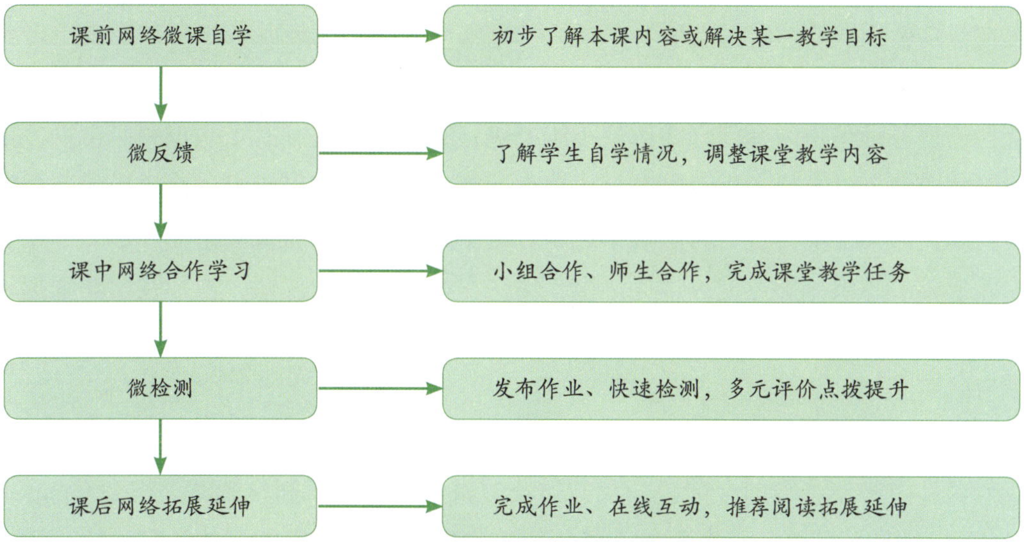

图 2 云课堂课前、课中、课后教学策略图

同年 6 月，我接受了区现代教育信息中心和区进修校的光荣任务，在小学英语学科“专递课堂”现场研讨活动中向全区模拟展示了一堂通过云课堂从城区学校向

乡村学校同步传递的三年级英语课。这堂课将城乡对接教学变成现实，解决了本区乡村小学无法开设英语课的问题。

图 3 课堂情景

2015 年，我的两节使用易教智慧课堂和学乐云教学平台的课分别获得“一师一优课　一课一名师”全国赛课活动的部级奖和市级一等奖。2016 年，我代表巴南区在“一师一优课　一课一名师”重庆现场培训会上献课一节，后来这节课前、课中微课辅助学习的课也获得部级奖和市级一等奖。

云课堂给我和我的学生带来的影响是巨大的。在活动中，我和学生们切身地感受到易教智慧课堂、学乐云教学平台让自主学习和师生交互变得更便捷。现在，我们在课堂上或课前，将重点内容、主旨、思路以文档、视频或者 PPT 的形式上传到学乐云教学平台的学习小组里。学生放学后在规定的时间里完成相应的作业，并提交自己预习过程中的疑问，在讨论小组里进行初步的交流。有了微视频的帮助，第二天的课堂上，老师不再像以前那样授课，而是让学生先以小组讨论的形式互相解决问题。课桌也不再是面向黑板排成整齐的纵列，而是六张课桌拼在一起，学生们由此形成了小组，重点进行讨论。由于学生提前的自学和反馈，教师在课前掌握了学生学习过程中所遇到的问题，在培养学生自主学习能力的基础上，提高了教学和学习效率。

奇妙的事在悄悄地发生，不知从什么时候起，使用多样的信息技术手段已成为我们课堂中必不可少的一部分。我们学校的教师都爱上了制作微课，学会 Camtasia Studio 操作是基础级，学会用绘声绘影等软件制作微课是教师们的最终目标，我们科研组还梳理出三年级各模块的知识重难点，拟定了“三年级英语微课制作模板”（如表 1），并将一部分知识点录制成了带脚本的 14 节微课，我们学校的学生已经非常习惯在课前、课中、课后用观看微课的方式来辅助学习。

表 1 三年级英语微课制作模板

<table>
<tr><td>本微课名称</td><td colspan="3"></td></tr>
<tr><td>知识点来源</td><td colspan="3"></td></tr>
<tr><td>基础知识</td><td colspan="3"></td></tr>
<tr><td>教学类型</td><td colspan="3"></td></tr>
<tr><td>设计思路</td><td colspan="3"></td></tr>
<tr><td colspan="4">教学过程</td></tr>
<tr><td></td><td>内容</td><td>画面</td><td>时间</td></tr>
<tr><td>一、片头</td><td></td><td></td><td></td></tr>
<tr><td>二、现状分析</td><td></td><td></td><td></td></tr>
<tr><td>三、正文讲解</td><td></td><td></td><td></td></tr>
<tr><td>四、总结</td><td></td><td></td><td></td></tr>
<tr><td>五、片尾</td><td></td><td></td><td></td></tr>
</table>

在我看来，云课堂并没有改变课堂的本身，只是为“新教学设计”提供了可能性，即充分考虑“差异化教学”和“快反馈”。云课堂告别了传统的讲授，用学生感兴趣的平板电脑在课堂上实现动手、动脑相结合，有效提高了学生的课堂兴趣和课堂效果。和“云”的一次又一次亲密接触，让我在新技术和新理念上都获益匪浅，无不感受到“英语教育，有‘云’更精彩”。

云教学是一门科学，它需要我们去探索；云教学也是一门艺术，需要我们去创造。踏“云”前行的路上，我们一直在成长。

基于教育云平台的高中信息技术翻转课堂教学模式探究

张楠楠[①]

摘要：云教学是云技术平台在教育领域的应用之一，它采用全新的教育信息化理念，突破了传统的信息化教育界限，以移动化终端为载体，融合了在线教学、虚拟社区、开放型教育资源，扩展了教育的手段与方法。本文系统阐述了云课堂和翻转课堂的概念，介绍了教育云平台的含义及功能模块。在此基础上，笔者对基于教育云平台的高中信息技术翻转课堂教学模式构建进行了研究与探讨。

关键词：教育云平台；高中；信息技术；翻转课堂

云课堂教育理念及翻转课堂教学模式开启了网络教育的新时代，为新型在线教育平台的建构和翻转课堂的开展提供了理论支撑。云教学改变“教与学”的模式，拓展了信息技术知识内容；云教学促进师生互动，激发了学生的学习兴趣；云教学简化教学管理流程，教师可以更加直观地掌握教学效果。

一 云课堂及翻转课堂概念简介

（一）云课堂

“云课堂”是一种远程教学课堂形式，这种课堂基于云计算技术，具有便捷、

① 重庆市九龙坡区铁路中学校

高效和实时互动的特点。在线课堂所需要的数据传输、处理等复杂技术全部由云课堂服务商帮助用户进行操作。可汗学院的在线视频教育模式正是利用了网络云计算技术的便捷性与实时性，学生在正式学习前只需要登录其官方网站，选择要学习的科目及章节内容即可进行学习。并且，学生在虚拟的教室里面能够与教师进行实时交流，这充分体现了网络课堂在创造跨地域、跨时间在线学习方面的卓越优势。

（二）翻转课堂

翻转课堂是一种创新化的教学模式，它注重学生课外时间与课内时间的分配，强调在教学过程中实现教学相长。课前，学生自学知识；课中，师生、生生交流预习中遇到的难题；课后，归纳整理课堂所学，加强理解与记忆。教师不再是课堂上知识的灌输者，而是开始注重学生学习的主体性。处在这种教学氛围中的学生注重把握课堂上的学习时间，主动积极地学习，珍惜与同学和老师探讨问题的机会。与传统课堂形式相比，翻转课堂对提供支持的先进技术要求更高。翻转课堂鼓励学生在课前先自学重点知识，因此教师必须适时提供适应性的学习资源，为学生独立自主学习提供脚手架，来保证翻转课堂的顺利实现。

二 教育云平台的含义及功能模块

“教育云”是云计算在教育范围内的迁移，包括了教育智能化与现代化所必需的所有软硬件计算资源，是创新型教育的基础架构。各种数据资源经虚拟化之后依托存储的平台，即教育云平台，学生、教师和家长可以在平台上获取各种教学服务和学习资源。与传统单一网站式教育系统相比，基于云理念的教育云平台通过“一站式”服务突破了信息化教育的边界，从而使得众多不同用户能够享有统一的平台服务。

表 1 教育云平台功能模块

功能模块	内 容
视频课程	直播课程与录播课程
学习资料	教师课件、讲义、电子书等
在线题库	考试题、作业、练习题可由题库自动生成
教师录播	录制微课程
教学软件	各类支持教学的软件
互动社区	成果分享、展示，小组互动，教师答疑
数据统计	权限分配、数据反馈、课程发布与修改

三 基于教育云平台的高中信息技术翻转课堂教学模式

笔者将翻转课堂的教学模式理念与在线云课堂教育理念相结合，从学校自身现有的设施条件、地域条件、学习者情况、学习环境及我国现代教育体制的大背景出发，探究了基于教育云平台且适应学情的高中信息技术翻转课堂教学模式，流程如下图。

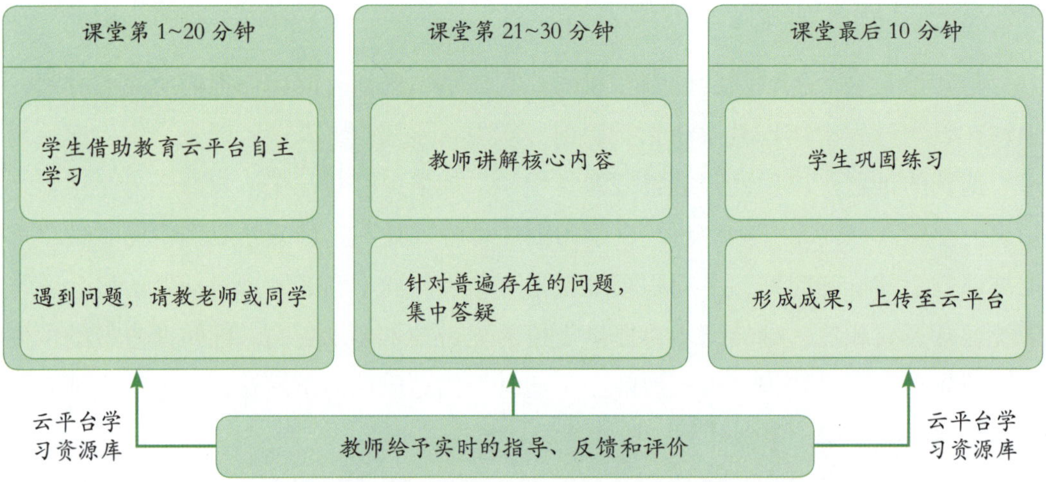

图 1 基于教育云平台的高中信息技术翻转课堂教学流程图

翻转式的信息技术课堂与传统的“教师授课 + 学生练习”教学模式不同，教师在课堂前 20 分钟，让学生利用教育云平台进行自学。教师从教材出发制作学习资源或整合加工学科网等平台上的优质学习资源，将重要的知识点呈现在学习材料中供学生自学。在自学的过程中，学生发现有不懂的地方可以及时请教老师或者与已经学会的同学进行讨论，相互学习，共同进步。同时学生建构自己的问题笔记，把遇到的难题或困惑记录到平台上，在教学过程中教师会持续给予解答与指导。

学生自学完成后，已经对本堂课的主要知识内容有了一定的学习与了解。接着，教师用 10 分钟左右的时间来讲授重难点，使学生在自学的基础上进一步加深对知识的理解，将重要内容内化到自己的知识结构中。与此同时，教师针对学生在自学过程中普遍存在的某些难题进行答疑解惑，帮助学生理解问题。

最后 10 分钟，教师发布练习任务，引导学生分小组协作完成或独立探索，将课堂留给学生。在这个过程中，学生通过实践练习来巩固课堂所学，将所学知识与实践生活相联系，力求学以致用。教育云平台中的学习资源可以被学生重复利用，既为小组协作探究活动或独立探索活动提供了学习支架，又巩固了学生的知识基础。

在完成实践练习任务后，学生将作品发布至云平台。学生可以借助云平台后台实时统计数据的功能查看自己的学习进度、下载学习资源、欣赏其他学生的优秀作品、在互动社区与小伙伴们分享学习体验与学习反思等。随着每一堂课的进行，本学科的学习资源库逐步完善与优化，最终形成可以与本校同学科其他教师或者跨学校、跨地域的同学科教师进行分享的“学科资源”云存储空间。对于学生而言，课上所形成的作品成果也会逐渐增加，可以与教师的评价记录等一起整合成电子档案袋，永久存储在网络云空间。

四 基于教育云平台的翻转课堂教学设计

本文尝试运用基于教育云平台的翻转课堂教学方式来设计教学，选取粤教版高中信息技术必修《信息技术基础》第三章第三节“多媒体信息的加工与表达”作为案例内容，对此种模式应用于高中信息技术课程教学的可行性进行探究。在授课之前，先对学生进行分组，每个组由学习水平具有一定差异的 6 名学生组成。在此基础上，信息技术基础技能较好及学习能力较强的学生可以带动其他组员共同学习。

（一）课前准备

1. 选择教学对象

选取本校高一年级 4 班和 17 班两个班的学生作为教学对象，共 108 名学生。学生经过初中阶段的学习，已经具有了一定程度的知识基础，自主学习能力与协作学习能力较强。同时在本节课实施之前，对学生的学习基础进行测试与观察。

2. 选取教学环境

信息技术课程的教学一般是在计算机机房中实施的，本案例所选取的机房配备了 1 台教师机和 54 台学生机。学生机中已经安装了相关软件及学生端程序，教师机中装有控制端程序。教师机可以与学生机实现网络连接，方便教师分发文件、广播教学、管理分组等。

3. 熟悉教育云平台

在教学的起始阶段，教师需要帮助学生熟悉教育云平台，了解教育云平台的功能分类，并引导学生学会高效合理地利用教育云平台上的学习资源。教育云平台包含多样化的教学与学习资源，有文本、课程视频、PPT 等多种文件形式。为方便教师和学生查找，平台上的教学与学习资源分类呈现，学生和教师可以自行选择满足自身需求的资料。

（二）课堂教学

1. 前 20 分钟自学，发现问题

受实际条件所限，学生回家观看学习视频无法全部实现，所以学生的自学被安排在课堂的前 20 分钟。学生登录教育云平台，借助平台上的学习资源进行自学，并且可以将理论知识的学习与操作练习结合起来，自定步调进行学习。在学生遇到问题时，鼓励学生与组员进行在线讨论，也可以在线求助老师。

2. 第 21~30 分钟，教师讲解核心知识点

学生借助云平台进行自学后，对于简单易懂的知识点已经有所掌握。所以，教师在 10 分钟的时间里只需要讲解核心知识点，帮助学生解决普遍性的难题。通过师生共同学习重难点，发挥教师的主导作用，体现学生的主体地位。

3. 最后 10 分钟，学生巩固练习

在第一课时的最后 10 分钟，让学生对本节课所学进行巩固练习，进一步熟悉操作技能。在第二课时，安排学生分小组进行作品创作。在多媒体作品主题的选择上，小组可自主选择一个主题来进行设计。学生可以借助教育云平台素材库里的素材资源，也可以自行从网络上搜索下载相关素材。不同能力水平的学生需要完成的练习也存在差异，基础好的学生如果学有余力，可以自行学习云平台上的拓展资源，并将其运用到多媒体作品的制作任务中。

对作品展开多元评价，包括自评、小组互评和师评，具体操作是：每个小组将作品上传到云平台后，选一名代表上台汇报展示本组作品并进行自评；接着各小组对云平台上的作品进行互评；最后教师对各小组的作品及其表现进行在线评价，选出十份优秀的作品，将评价记录表及结果保存到平台上。

最后，教师要求学生对本节课的学习过程及收获进行反思，可以在云平台的互动社区内进行交流与分享。

参考文献

[1] 胡晓燕 . 基于教育云平台的高职翻转课堂教学模式探究——以网页制作与设计课程为例 [J]. 湖北函授大学学报，2017(13)：132-133.

[2] 欧勇 . 云教育在信息化教学中的应用初探 [J]. 科技资讯，2015(15)：150.

第二编
教学案例

云课堂在小学语文识字教学中的运用

——《纸船和风筝》云课堂教学案例

封洪胜[①]

一 教学背景

（一）课时

1 课时。

（二）教学准备

教师：在学乐云平台布置预习作业，并浏览、分析学生的预习作业，收集有用教学信息。

学生：预习课文，到学乐云平台完成预习作业。

二 教学目标

1. 运用多种识字方法识记“筝”等 11 个生字，会写“祝”等 4 个生字。
2. 在识字的基础上读通、读顺课文，初步了解故事内容，感悟友谊带来的快乐。

① 重庆市巴南区清华小学校

三 教材分析

《纸船和风筝》是人教版小学语文二年级上册第八单元的一篇讲读课文，课文大致分为两部分内容：第一部分讲松鼠和小熊以纸船和风筝为礼物互相赠送，成了好朋友；第二部分讲松鼠和小熊因为一点儿小事争吵，失去了彼此这样的好朋友，后来又利用纸船和风筝互送纸条重归于好的故事。

四 教学重难点

1. 教学重点：学习多种识字、猜字方法；读通、读顺课文，初步概括故事内容。
2. 教学难点：让学生感悟友谊带来的快乐。

五 教学方法

教师课前通过学乐云平台提前了解学生的学习水平，课堂上放手引导学生合作、交流展示自己的学习成果。先学后教、以学定教是重要的教学方法。精准的预习作业设计为课堂教学打下了良好基础，因此课堂真正变为学生的学堂。

六 教学过程

（一）课前自学环节

云平台发布预习作业。

1. 猜字练习

预习课后第二题，按要求完成作业，并拍照上传至学乐云平台。

猜猜下面加点字的读音，和同学交流你是怎么猜出来的。说说你用这些方法还认识了哪些字。

风筝　松鼠　抓住

祝你幸福　愿意　哭

图1 预习作业

2. 完成生字注音选择题

【设计意图和教学效果：教师课前通过学乐云平台提前了解学生们的学习水平，课堂上放手引导学生交流展示自己的学习成果。先学后教、以学定教在学乐云环境下得到了真正的落实。精准的预习作业设计为课堂教学打下了良好基础，课堂真正变为学生的学堂。】

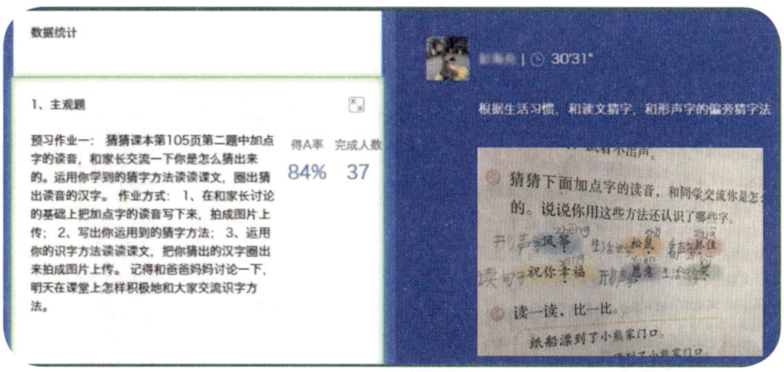

图 2 作业图片

（二）课堂教学环节

1. 导入新课，初学识字方法

师：老师给你们带来了两件礼物，大家看是什么。

（操作方法：出示纸船和风筝的图片，请学生观察，再出示“纸船”“风筝”两个生词，请学生认读。在读课题的过程中引导学生学习看图识字、形声字识字、生活识字等识字方法。）

【设计意图和教学效果：创设送礼物的情景，引导学生在观察“纸船”和“风筝”图片的基础上认识“纸船”和“风筝”两个词语，学习看图识字的方法；在比较“纸”和“筝”两个字发音特点的过程中学习形声字识字的方法；有的学生结合生活经验，利用形声字形旁表意的方法说出了“纸”和“筝”的含义，总结出了生活识字的方法。教学中反映出针对性的识字方法示范讲解为学生形成识字能力起到了关键作用，为学生后面的识字方法交流提供了参考。】

2. 回顾预习，巩固识字方法

（1）回顾预习作业。

点击云作业，呈现作业情况：86% 的学生都得了 A 等，少部分还有错。

（2）说识字方法。

师：大家都知道哪些识字方法呢？

（操作方法：在学生交流的基础上，向全班介绍识字方法。教师根据学生的介绍，利用电子黑板圈画出可利用形声字识字法认识的生字，用横线勾画出可以利用想象识字法认识的生字，用波浪线勾画出可利用生活识字法认识的生字。）

（3）总结识字方法。

师：一起来看看大家都用到了哪些识字方法。

（4）引申汉字演化练习。

师：我们来猜猜这些汉字读什么。

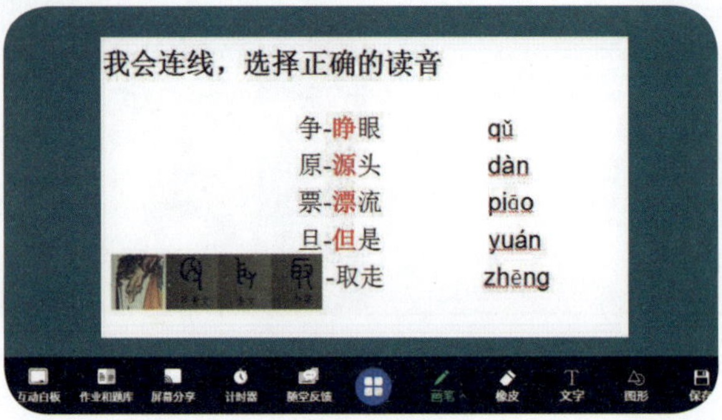

图 3 练习单

（操作方法：学生完成练习单后，用“课堂反馈”功能拍照展示。）

【设计意图和教学效果：从回顾“预习作业要求——猜汉字读音”，到“交流展示识字方法”，最后到“识字练习”，三个教学环节环环相扣，是识字思维逐步深入探讨的过程。在这个过程中，学乐云教学平台的作业功能起到了关键作用，平台可对作业有问题的地方在课堂上有针对性地进行反馈，学生们学得清清楚楚。在课堂识字检测练习时，教师巡视全班，在学生作业时，教师拍照提取优秀作业和错

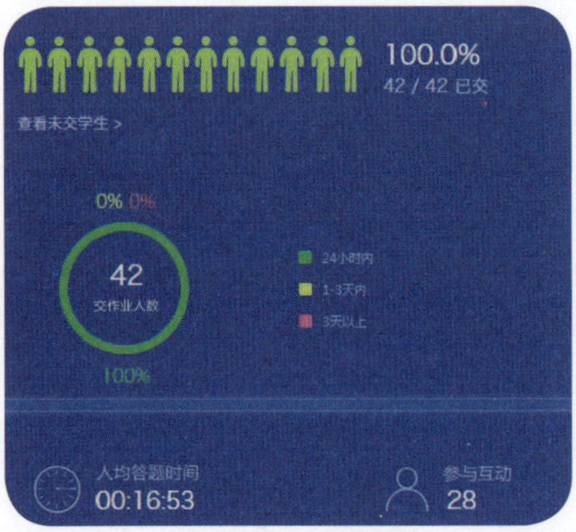

图 4 作业完成情况

图 5 作业完成情况

误作业，通过“课堂反馈”功能在全班展示探讨，做到课堂反馈的及时性、全面性，这是班班通的展台所不能达到的。】

3. 读课文，运用识字方法

（1）交流文中识字的情况。

（操作方法：①引导学生自由读课文，边读边识字，把自己新认识的汉字圈出来多读几遍；②利用“随堂反馈”功能展示识字成果，全班交流；③把自己的识字成果读给同桌听听，如果读对了画一颗星。）

（2）运用学到的方法朗读课文。

运用学到的汉字，试着朗读课文（随机考察一些段落的朗读情况）。

（操作方法：使用电子黑板的“探照灯”功能，让朗读的段落清晰地展现在学生面前，避免其他文字的干扰。运用电子笔功能对学生读错的汉字进行勾画、圈点。）

【设计意图和教学效果：学会了识字方法，在读文中检验识字效果，达到读通、读顺课文的目的，真正做到学以致用，语文工具性特性得到真正体现。在这个过程中，学乐云电子黑板、“探照灯”功能是亮点；“电子笔”让朗读重点、错误得到及时圈画、批注，极大地提升了教学效率。】

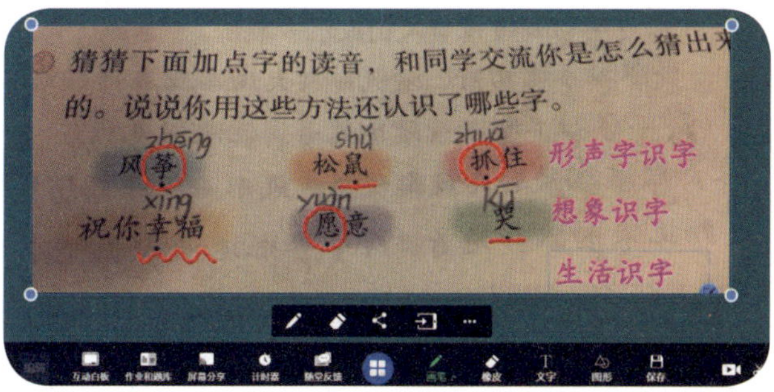

图6 识字情况

4. 写字，提升识字能力

（1）厘清故事，感受友谊。

师：课文讲了谁和谁的故事呢？（厘清故事内容，揭示风筝和纸船承载了两位主人公的友谊。）

（2）引出写字。

除了纸船和风筝，还有什么原因让他们如此友好呢？请读这两句话。（电子黑板展示：祝你快乐，祝你幸福。）

真心地写祝福语，让他们成了好朋友。（引导学生感受漂亮的书写，激发学生写好字的愿望。）

（3）尝试写字。

①“祝你”的“祝”是生字，观察一下，怎样才能写好这个字。

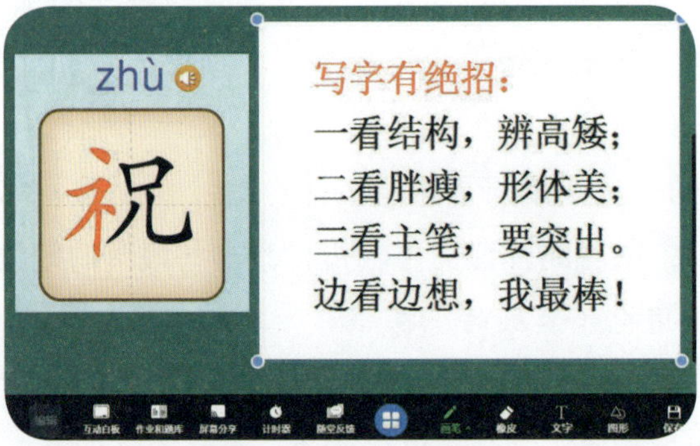

图7 写字方法讲解

②教师范写。

③学生描红，同桌交流，写得好就给一个五星。

④利用“作业反馈”功能展示学生的作业，进行点评。

5. 写好其他几个汉字

（1）“电子黑板”展示课后左右结构的生字，询问学生你会怎样写好这几个生字。

（2）学生书写生字。

（3）利用“作业反馈”功能进行作业点评。

6. 激发想象，拓展延伸

（1）就这样看，纸船和风筝让小熊和松鼠成了好朋友。同学们，如果你也住在山上，你会怎样跟他们交朋友呢?

（2）如果你折纸飞机，你会在纸飞机上写点儿什么呢?（出示写字卡片。）

图8 识字卡片

师：我给大家准备了写字卡片，大家写好之后拍到学乐网上分享，好吗？

【设计意图和教学效果：在写字教学中，老师清晰地展示学生的作业并进行点评，学生学得清楚，效果明显。“电子黑板”可随意地放大缩小要书写的汉字，圈画重点笔画，清晰展示写字要点；“课堂反馈”功能在不影响学生作业的情况下能快速展现学生的书写作业，及时、直观；学生们的点评也更有针对性，教学效果良好。】

7. 总结

师：学生们，回忆一下我们学到的内容。课后把写字卡片放到学乐云平台上大家交流。

【设计意图和教学效果：课堂向课后延伸，把学习引向课后，让课堂更有生命力，学乐云的“作业布置”功能实现了这样的目标。通过发布作业，让学生的书写在课后延续，并在平台上进行讨论、展示、提升。】

图9 课后作业

七 教学反思

本课的教学实现了教学精准：一是教学内容的精准，紧紧围绕课文前半部分松鼠和小熊以纸船和风筝互送礼物成了好朋友展开教学，避免了多而杂、学而不精的情况；二是教学目标的精准，准确体现低年级识字、写字、读句的教学目标定位。准确的教学目标定位，为我们把握学科本位特征提供了保障，避免了把语文课上成信息技术课，以及“为用技术而用技术”的误区。

本节课的教学让我逐步认识到以下几点，有利于把握住云环境下小学语文的教学：

（1）课前、课中、课后教学的统一与顺承是云课堂的基本形式；

（2）“把握学科本位，精准教学目标”是教学成功的关键；

（3）指向明确，精简的教学设计是达成教学目标的有力保证；

（4）先学后教，以学定教是云环境下小学语文教学的显著特点。

总之，学乐云教学平台为小学语文教学提供了一种崭新的方式，能有效地提升教学效率。开始教学时也许学科本位把握不牢，技术与学科融合不够，但是只要我们不断地尝试，在熟练平台环境后，一定会慢慢找到学科与技术有机融合的方法，从而达到提升教学效果的目的。

云课堂让语文课堂“活”起来

——《黄河是怎样变化的》云课堂教学案例

孙巧玲[①]

一 教学背景

《国家中长期教育改革和发展规划纲要（2010—2020 年）》提出了一个全新的观点：“信息技术对教育具有革命性的影响。”国家新一轮课程改革中，也把推动信息技术与课程整合作为重要内容。重庆市巴南区清华小学校是重庆市教育信息化试点单位，巴南区云课堂试点学校，巴南区“人人通”项目应用试点学校，巴南区教育管理云平台试点学校等。作为一线教师，应顺应时代的要求，将信息技术与教育教学进行深度融合，加快实现教育现代化。

二 教学目标

1. 能让学生抓住关键词，了解黄河变化的过程和原因，并概括课文的主要内容。
2. 让学生从文中受到启示，进而增强环保意识。

三 教材分析

《黄河是怎样变化的》是人教版小学语文四年级下册第三单元的一篇略读课文，

① 重庆市巴南区清华小学校

是一篇检测学生阅读、写作、概括能力的学习材料。课文先写黄河给两岸人民带来了苦难，是一条多灾多难的祸河，但它又是中华民族的“摇篮”；接着，从黄河含沙量的现状，分析黄河变化的原因；最后写科学家设计治理黄河的方案。作者想要告诉人们应该保护大自然，保护环境，否则就会受到大自然的惩罚。本课为第一课时。

四 教学重难点

1. 教学重点：抓关键词，了解黄河变化的过程和原因。
2. 教学难点：引导学生在学习的过程中说出自己受到的启示。

五 教学方法

学生是课堂的主体，教师要让学生充分进行探究式学习，因此我采用了质疑、引导、交流等教学方法，尽可能地把时间留给学生进行自主合作式学习，让他们学会抓关键词，并概括课文的主要内容。

六 教学过程

（一）课前

教师在学乐云教学平台上布置课前作业：

（1）让学生收集关于黄河的资料；

（2）观看微课，掌握概括课文主要内容的方法。

（二）课中

1. 检查预习

师：黄河是我国第二大河。我们的祖先很早很早以前就生活在黄河流域，黄河是中华民族的骄傲。现在，我们先一起来看看同学们课前收集到的资料。（运用学乐云教学平台呈现学生们课前收集的资料，并读读与黄河相关的诗句或散文。）

介绍黄河流域。（出示课件，展示黄河流经的省市。）

师：可是很多年以来，黄河也给两岸人民带来了灾难。今天学习的这篇课文记述的就是黄河变化的情况。（板书课题，齐读课题。）

2. 学习课文

（1）初读课文，思考：黄河发生了哪些变化？引起这些变化的原因是什么？

（2）课件出示小组合作要求。

①小组合作完成表格，找到关键词进行填写。

②思考并概括课文的主要内容。

③小组填写完表格后，拍照上传至学乐云平台。

（3）小组合作学习，完成表格。

表 1　学习表格

段落	主要内容	关键词
第 3 自然段		
第 4、5 自然段		
第 6 自然段		
第 7 自然段		

（4）全班交流表格内容。

①在大屏幕上随机观看学生上传的表格，请组员汇报，其他组补充说明。（学生在汇报表格时，相继出示相关句子进行理解。）

② 课件出示句子：黄河变化的原因是什么？

师：从这张表格里，我们可以看出，要治理黄河，最关键的是什么。（管住河沙。）

师：课前我们从微课中学习了如何概括课文的主要内容，我们来看看，哪些同学完成了观看。（运用学乐云平台检查微课观看情况并进行点评。）

师：回忆一下我们从微课里学到了哪些概括课文主要内容的方法。（关键词句法、段意串联法。）

师：请大家用学到的方法概括本文的主要内容。

再次回顾黄河变化的过程。（师随学生的叙述进行板书。）

师：看到曾经的母亲河，由于人类的过度开垦，导致水土流失，大量泥沙流进黄河，让黄河变成了一条灾难河。我们应该做些什么呢？（学生谈谈自己的想法。）

3. 课堂检测

运用学乐云平台推送课文相关的客观题给学生，进行当堂检测。学生完成后，运用大数据分析及时纠正出现的问题。

4. 总结

师：你们真是好学生，保护黄河，保护我们的母亲河不是一个人的责任，而是我们所有中华儿女的责任。从我做起，从身边做起，让母亲河恢复昔日容貌!

5. 拓展延伸

（1）配乐朗读《黄河颂》。

（2）完成课后练习单。

表 2 课后练习单

学习主题	10. 黄河是怎样变化的	班级	
学科教师	孙巧玲	学生姓名	
课后延伸			学法指导
1. 联系课后“资料袋”，你觉得如何能治理好黄河？请你为“保护母亲河”出谋划策，写一些保护黄河的公益广告语。 2. 写一首赞美黄河的诗歌。 3. 以《明天的黄河》为题，写一篇想象作文。			结合收集的资料，怀着保护黄河的社会责任感，在左侧作业题中任选一道完成。

七 教学反思

这是一篇说明文体裁的独立阅读课文，也是中年级学生新接触的一种写作体裁。从叙写的内容上看，文字浅显、易懂，但是黄河对于生长在祖国西南方的重庆学生来说是非常陌生的，既没有亲眼看见过黄河雄壮伟岸的气势，也没有亲耳听到过黄河澎湃激昂的涛声，仅仅依靠课文的文字表述和电影、电视中有限的接触，学生难以对黄河产生直观的印象。基于此，我充分利用网络信息化资源，把信息技术有效地融合进语文课堂，通过生动、具体、直观的呈现，让学生的理解容易起来，让课堂活跃起来。

1. 利用平台，做好预习

课前，为培养学生们收集信息的能力，让他们自己收集关于黄河的资料，并把资料上传到学乐云平台，同学之间在家就可以通过平台相互学习，了解更多黄河的资料。

图 1 部分学生们收集到的关于黄河的资料

能概括课文的主要内容，是四年级学生要掌握的一个语文技能。为了在课堂上节约时间，我做了一个微课《概括主要内容有方法》上传至学乐云平台，让学生在家观看微课进行学习。学情不同，不同的学生观看的时间就不同，学生们可以根据自己的掌握情况来确定观看微课的次数，从而达到让每个学生都能掌握的目的。

2. 运用平台，展学互动

一开课，我运用学乐云平台向所有学生展示了他们收集到的资料，并读读相关的古诗，激发学生们学习本课以及今后运用网络收集资料的兴趣。接着出示黄河的流域图，进一步让学生了解黄河的地理位置，并引入课题。整个课堂先引导学生初读课文，思考问题，再小组合作完成表格。表格是让学生在每个段落里找到关键词，为后面概括课文主要内容打下基础。每个小组在小组长的带领下，分工合作，找到每个段落里的关键词，填好后用平板电脑拍照上传，并随机抽取一组进行展示汇报。拍照上传的目的在于，运用平台展示全部小组的作业，能够避免只展示部分作业，导致有的组不认真完成。

本堂课，我的教学目标是抓关键词，用关键词句法来概括课文的主要内容。因此，我再次运用学乐云平台检查学生的课前观看情况，了解到有部分学生没看，而有部分学生反复看了几遍，在课堂上针对这种情况进行小结，起到监督作用。学生们利用学到的方法，很快就能概括出课文的基本内容，完成这一教学目标。黄河的现状，让人感到惋惜，更要引起人们的重视，学生们接着说自己治理黄河的方法，说明他们也希望黄河能够恢复昔日容貌。

图 2 部分学生答题情况

我们的课堂不仅是以学生为主，更要在课堂上检测学生们是否当堂学懂。于是，我又运用学乐云平台当堂发送检测题，学生利用平板电脑做题。利用大数据的统计功能，找到学生们的知识薄弱点，进行实时有效的知识反馈。

最后，我布置了课后练习单，让学生们在家完成，巩固今天所学内容，并在音乐中朗诵《黄河颂》结束了本堂课。

3. 结合平台，巩固所学

课后练习单是对本堂课的拓展延伸，让学生们学有所获、学以致用。完成练习单，上传附件到学乐云平台，我当晚就进行批阅，发现问题，及时与学生们进行交流沟通指导。

由此可见，融入了信息技术的课堂，激发了学生们的学习兴趣，学生们的主体地位体现得更加明显，切切实实地体现了全员参与、有效参与。教师在课堂上能很轻松地引导学习，达成教学目标。今后的课堂中应更好地融入信息技术，让学生快乐学习，让语文课堂“活”起来。

接任务，思表达，总方法，悟道理
——《扁鹊治病》云课堂教学案例

陈维

一　教学背景

（一）课时

1 课时。

（二）教学准备

多媒体网络教室、教学课件、电子白板、平板电脑等。

二　教学目标

（一）知识与技能

1. 掌握云课堂平板学习的基本方法。
2. 认识“蔡”“睬”“烫”“剂”等生字，理解“敷烫”等词语。
3. 能正确、流利地朗读课文，概括课文主要内容。
4. 学习“抓住重点、由此及彼读寓言”的阅读策略，体会寓意。

① 重庆市渝中区鹅岭小学校

（二）过程与方法

1. 初读课文，整体感知，了解故事梗概。
2. 归纳内容，并用自己的话说一说。
3. 抓关键词句，精读课文，理解含义，感悟道理。
4. 总结学法，拓展延伸课外。

（三）情感态度与价值观

1. 让学生在操作平板电脑的过程中培养成就感，为今后云课堂学习打下良好的基础。

2. 通过学习操作平板电脑，培养学生在信息技术方面的动手能力，活跃课堂气氛并激发学生积极探索的精神，从而调动学生学习的积极性。

3. 让学生明白做事要防微杜渐，不要讳疾忌医，要善于听取别人意见的道理。

4. 激发学生热爱寓言故事的情感。

三 教材分析

《扁鹊治病》是人教版小学语文四年级下册第八单元的一则寓言故事，取材于战国时期名医扁鹊的传说故事。文章写的是扁鹊几次拜见蔡桓公，均指明蔡桓公病在何处，劝他赶紧治疗。而蔡桓公坚信自己没有病，因而不相信扁鹊所说，以至于后来对扁鹊不理睬，致使延误了病情，小病变大病，病入膏肓，无药可医。

这是一则耐人寻味、有着多元寓意的故事。首先，我们可以看到扁鹊高尚的医德和高明的医术。其次，从蔡桓公的身上可以得出的结论是：不善于听取别人的意见，甚至讳疾忌医，是没有好结果的。这则寓言故事告诉我们，应该防微杜渐，把“问题”扼杀于萌芽时刻。不然，它会像滚雪球一样，一发不可收拾。

教学面向的是四年级的学生，该学段的学生已具备一定的信息技术素养，掌握了平板电脑的基本操作和应用，了解如何利用平板电脑打开资源、书写、截图和上传等，从而能够完成云课堂的学习任务。同时，小学生对电子技术的兴趣浓，动手实践性强，学习积极性较高，因此他们在云课堂的教学中乐于探索、勇于创新。

《义务教育小学语文课程标准（2011 年版）》指出，中年级的阅读教学要能够引导学生联系上下文，体会课文中关键词句在表情达意方面的作用，能初步把握文章内容，体会文章表达的思想感情。四年级下学期，学生已经基本达到要求，因此，在理解课文的基础上，巧用学习寓言故事的方法，精简概括主要内容，从而悟出道理，使学生体验学寓言故事的乐趣。

四 教学重难点

（一）教学重点

1. 通过平板电脑教学激发学生对信息技术的兴趣，增强其动手实践能力。
2. 抓住重点词句感受人物形象，并能够理解寓意。

（二）教学难点

传统教学与平板电脑教学的课堂融合。

五 教学方法

在本节课中，要为学生的自主学习与探究提供机会，鼓励学生大胆发言，积极展示。以重阅读、巧点拨、导方法、悟道理的教学原则展开教学。利用多媒体教学，增强视觉效果，给学生以直观的感受，增加教学过程的趣味性，从而提高教学效率。

六 教学过程

（一）情感导入

1. 揭示、板书课题

要求学生齐读课文题目，并回答从题目中获得了哪些信息。

2. 学生齐读课文题目《扁鹊治病》

让学生通过小蚂蚁蚁巢功能发布自己从题目中了解到的信息。

【设计意图：让学生知道学习寓言故事，不仅要读懂故事的内容，还要感悟其中蕴含的道理。并从课题中提取信息，使学生感受课题，激发兴趣。】

（二）整体读文，初步感知

1. 点名读课文

2. 读好句子

请学生朗读“蔡桓公听了很不高兴，没有理睬他”，学习“蔡”和“睬”这两个生字。（幻灯片出示：蔡桓公听了很不高兴，没有理睬他。）

3. 读好段落

通过查字典和联系生活，理解“敷烫”“几剂汤药”。学生在平板电脑上选择“敷烫”的“敷”在这里的意思，并提交答案。

4. 再准确齐读这段话

【设计意图：检验学生的预习效果，纠正生字词的读音。加深对关键词句的理解，并进行统计。】

（三）归纳内容，说一说

1. 请学生默读课文，边读边想：《扁鹊治病》这则寓言讲了一个什么故事？并点名说一说。

2. 总结概括主要内容的方法：把意思大致相同的内容概括为一句话或一个词。

3. 板书：扁鹊、蔡桓公、病死。

4. 顺势指导学生书写生字“蔡”。学生在平板电脑上书写，并推送到公屏，评价生字。

【设计意图：这一过程完全让学生自由阅读，自由表达，在勾画思考、讨论交流中最大限度地锻炼学生概括文章主要内容的能力；引导学生把意思大致相同的内容概括为一句话或一个词，把主要内容说得更简洁、更清楚；检查易错生字的书写。】

（四）抓住重点，品一品

1. 聚焦蔡桓公找原因。请生读描写蔡桓公的句子，感悟其中的道理。

2. 带入情景，分角色朗读，感受蔡桓公是怎样对待自己的病情的。

3. 聚焦扁鹊“解释”找原因。（幻灯片出示：扁鹊解释道：“皮肤病用热水敷烫就能够治好；发展到皮肉之间，用扎针的方法可以治好；即使发展到肠胃里，服几剂汤药也还能治好；一旦深入骨髓，只能等死，医生再也无能为力了。现在大王的病已经深入骨髓，所以我不再请求给他医治！”）

4. 厘清段落意思，学习表达形式。

引导学生发现这段话写了四层意思，并且一个分句就是一层意思。每层意思都讲了三个内容：“病在哪里”“治疗的方法”“治疗的把握”。

引导学生学习第一层意思。搭桥学习其余三层意思。出示表格，提示学生看平板电脑，根据表格提示，在上面填写相应的关键词，完成表格后，截图上传至公屏。

引导学生分别横向、纵向读表格，发现这段话是从三个方面程度逐渐加深的表达方式。

5. 揭示寓意，迁移表达。

【设计意图：使学生在朗读中领悟故事所要阐明的道理，鼓励学生积极思考，发表自己的独立见解，提倡个性化解读文本。在表格中引导学生感受蔡桓公病情的发展和治疗方式由简单逐渐变得复杂。再深入，从横向看，引导学生感悟扁鹊的医术高明，用心为病人解释，感受他的高尚医德。从纵向看，感受“病情越来越重”，治疗“越来越困难、复杂”，“越到后面越没有把握”，体会程度逐渐在加深，从而明白做事要防微杜渐，不要讳疾忌医，要善于听取别人意见的道理。】

（五）总结学法，延伸课外

1. 引导学生用学习寓言的基本方法来读《螳螂捕蝉》和《心不在马》这两则寓言，并感悟其中的道理。

2. 学生打开蚁巢，自读这两则寓言故事，看看能从中领悟什么道理，再选择其中的一则来交流。

【设计意图：引导学生明白“读故事、抓住关键词语悟道理”是学习寓言的基本方法，并由此及彼延伸课外。】

七 教学反思

《扁鹊治病》是一则寓言故事，内容很简单，主要为对话。通过一次次读课文后，我们可以看到两条主线：一条是扁鹊发现、指出病情并劝说蔡桓公的句子；另一条是蔡桓公明知扁鹊是名医，却不听劝说，讳疾忌医的几次语言和神态的表现。在教学过程中，引导学生抓住两条主线，深入理解文章所蕴含的道理，从而对文本进行多元化解读。同时，充分利用平台的蚁巢功能，活跃课堂气氛，给学生自主学习提供有效的手段和工具。信息技术的应用侧重于小蚂蚁表格和公屏功能。学生通过阅读，提取关键词句，多向观察，更直观地体会到病情的程度在逐渐加深，从而悟出防微杜渐的道理。

理解寓意是学习寓言的灵魂，能把寓意自然无痕地让学生理解并有深刻的感悟是完美教学寓言故事的体现。在揭示本课寓意的过程中，“防微杜渐”这一成语是笔者借学生对病入膏肓的蔡桓公进行劝说之际顺势揭示的。对四年级的学生来说，对寓意不能只停留在表层的感知和理解上，而更应该达到结合生活实例举一反三、由此及彼地深刻感悟和渗透。若是有足够的时间让学生多方面联系生活，根据自己的“问题”谈感受，那么这则寓言的学习会有更大的价值，这一点笔者只做到了蜻蜓点水。

图1 课堂情景

在“索溪峪”的云雾里探索智慧课堂

——《索溪峪的“野”》云课堂教学案例

庞静[①]

一 教学背景

（一）课时

1 课时。

（二）教学准备

教师：多媒体课件。

学生：收集图片。

二 教学目标

1. 能够正确、流利、有感情地朗读课文。

2. 学习作者抓住景物特点进行描写的表达方法以及领悟全文先概括后具体描写的写作方法。

3. 感受张家界索溪峪风景区天然、野性的自然风光，体会作者对大自然的喜爱和赞美之情。

① 重庆市黔江区人民小学校

三 教材分析

《索溪峪的“野”》是人教版小学语文六年级上册第一单元的一篇课文。文章通过描写索溪峪的奇丽风光，赞美了索溪峪天然的、野性的美，抒发了作者畅游其间无比愉快的心情。

四 教学重难点

1. 感受文章字里行间充满的野性美。
2. 领悟作者的写作方法。

五 教学方法

讲授法、自主探究法。

六 教学过程

（一）导入新课

首先出示本文作者曹敬庄的图片，让学生利用平板电脑查阅作者的基本信息、写作风格及著作，并抽生汇报。

【设计意图：在这一环节，学生利用互联网资源，很快地自主了解作者信息，比教师直接生硬地出示材料让学生阅读，效果要好很多，留给学生的印象也要深刻很多。其次，教师也可以省去很多课前准备的时间，大大提高教学效率。】

图1　课堂情景

（二）自读文章

出示自学要求：（1）读了文章后，索溪峪给你留下了什么印象？（2）这篇文章是从哪几方面来写索溪峪的？

（三）反馈、讲授新课

1. 这篇文章给你留下了什么印象？（课件展示课文第一自然段。）

2. 指导朗读。

3. 作者是从哪几方面来写索溪峪的“野”的？（课件展示：山、水、动物、游人。）

4. 你对索溪峪的什么最感兴趣？（根据学生的喜好，灵活安排学习段落。）

山有什么特点？“野”表现在哪些地方？（课件展示：惊险、磅礴、随心所欲、不拘一格。）

品读各种不同的美，欣赏画面，读文章，指导朗读。

作者一开始把它与其他的景点进行比较，是不是在贬斥其他景点呢？为什么？（强调美的不同，索溪峪的美是一种天然的美，没有人工雕琢的美。）

作者是怎样把这“野山”逼真地展现在我们面前的呢？（先概括，后具体。）

水“野”表现在哪些方面？文章在描述时用了什么修辞手法？

动物“野”表现在哪些方面？游人“野”表现在哪些方面？

解释“老叟”“返璞归真”“市井”。

5. 品读最后一段。

是啊，作者在这样的境界里，完全被感染了，被净化了。此时的感觉是自己从未有过的快慰，从未有过的清爽。

文中哪个词能说明作者的这种感受？从中你能体会到作者什么样的感情？

（四）学生展示收集的资料

作者此时看到的山不再是山了，水也不再是水了，它们是充满朝气的青年，是充满灵气的孩子。它们率真而自然，不加修饰，不事雕琢，用自己的纯真荡涤着游客的胸怀，作者深深地爱上了这片神奇的土地，把自己的感情都赋予了这美丽的山川，在作者眼里，索溪峪简直就是大自然的宠儿。看得出来，此时同学们对神奇的张家界充满了好奇。课前请大家收集了有关张家界的图片资料，现在就请大家展示一下吧。

（五）课堂练笔

请大家对课文中的优美句子进行仿写。 根据学生收集到的张家界的图片，指导学生通过观察展开丰富的想象和联想，运用比喻、拟人等修辞手法，完成仿写。

图 2　学生使用平板电脑查阅资料

（六）作业展示

每个学生在作业纸上完成仿写后，拍一张自己的作业图片上传。待作业统计显示班级人数为六十人时，教师点击“作业统计”，从中选出几份有代表性的作业进行师生评价或生生评价。

【评议：这一环节是本堂课的一个亮点，让每位学生的作业基本得以展示，有助于学生间互相学习，取长补短，也提高了学生的学习兴趣。】

七　教学反思

本节课突出了教学重点，突破了教学难点，环节较清晰，在引导学生感悟课文内容时充分利用了网络资源和网络的交互作用。以人为本，放手让学生选择自己感兴趣的内容和学习方法，突出了教学的个性化。

不足之处在于课堂设计上少了学生思维的碰撞，也就是发散性的发言较少。无论是朗读还是表达，都觉得训练不够，有点儿走过场的感觉。总之，在灵活运用网络资源，把现代教学技术和传统教学相结合这一方面，还有进步的空间。

自主学习，创造运用，乐中学，学中乐

——《那只松鼠》云课堂教学案例

李红梅[1]

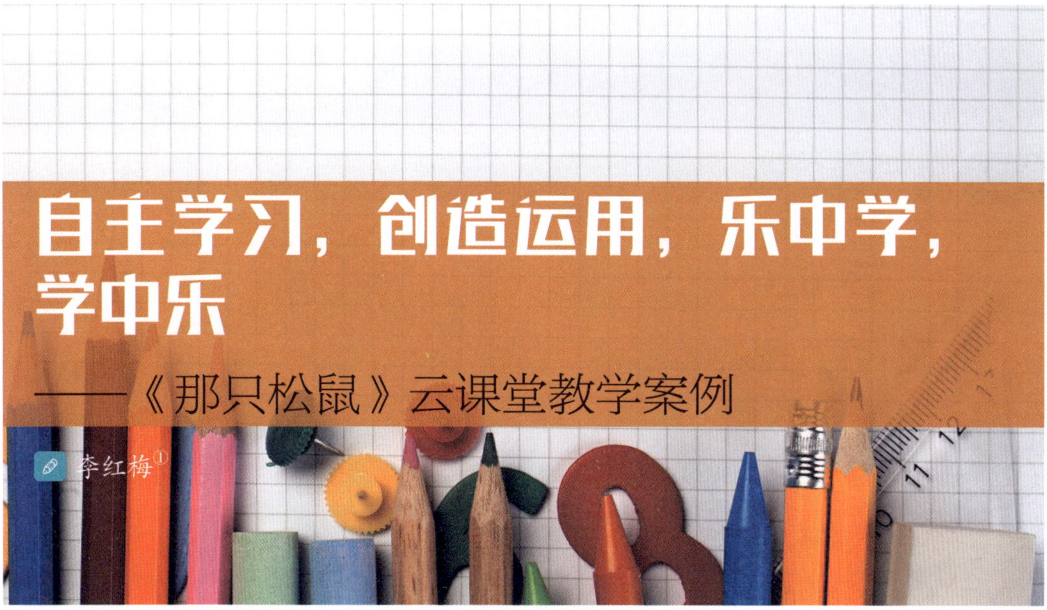

一 教学背景

（一）课时

1 课时。

（二）教学准备

教师：

1. 学生个人用电脑、教师用笔记本电脑、电子白板、全覆盖的无线网络、教学应用平台。

2. 制作课件。

3. 把电子课本、课件、作业等分类发到网络平台。

学生：

1. 利用电子课本，学习本课生字新词，初步感知课文内容，阅读资料了解松鼠的知识。

2. 以小组为单位收集松鼠图片，根据易读、易错分类制作生字、词语导图，根据内容顺序制作思维导图。

① 重庆市渝北区盛景天下小学校

3. 上网查一查不明白的词语的意思，想想可以用什么方法理解词语。

4. 把所有课前收集的资料上传到网络学习平台相应的栏目中。

二 教学目标

1. 有感情地朗读课文，能通过朗读与文本对话理解课文内容。

2. 能理解“活泼伶俐”“可怜巴巴”这两个词语的意思并能造句。

3. 能抓住关键词体会松鼠的可爱、可怜，学会通过抓住关键词体会句子表达的情感。

4. 通过抓松鼠的动作和外形描写，让学生了解并掌握描写动物的方法。

5. 通过课文的学习，使学生认识到动物是人类的好朋友，培养学生热爱动物、保护自然的意识。

三 教材分析

本课的教学内容是西师版小学语文四年级上册第 18 课《那只松鼠》，本单元的教学目标是通过学习让学生从课文中找到心灵的共鸣，可以从不同的视角去寻找问题的答案，让学生受到热爱大自然，尊重生命，呵护生灵的教育。这篇课文作者按发现松鼠—逮松鼠—放松鼠的顺序来叙述。文中紧扣一“逮”一“放”抓住动作和外形描写，展现了一只活泼可爱的松鼠，塑造了一个心地善良的“我”。人物情感跌宕起伏，字里行间洋溢着作者对松鼠深深的喜爱之情。文章内容贴近学生生活，符合学生的心理，较容易激发学生的学习兴趣。

四 教学重难点

（一）教学重点

1. 让学生学会抓住关键词句体会感情。

2. 通过抓住松鼠的动作和外形描写，让学生了解并运用描写动物的方法。

（二）教学难点

抓住松鼠的动作、外形、神情、心理、叫声等，想象出松鼠像是绝望、像是抗拒、像是乞求的样子并描写出来。

五 教学方法

在课堂教学中，充分发挥教师的引导作用，凸显学生的主体地位，引导学生通过发现、比较、体会、讨论、归纳等方式进行自主学习。培养学生自主阅读、归纳总结和创造运用的能力。

六 教学过程

（一）利用云平台动画激趣导入

师：孩子们，今天咱们的课堂上来了一位新朋友。看，这是可爱的小松鼠。（播放松鼠动画。）

师：这节课我们继续学习第 18 课《那只松鼠》。（齐读课题。）

请学生点开课前收集的关于松鼠的图片进行展示，然后随机抽选几名学生进行介绍。

（二）利用云平台复习词语，归纳主要内容

通过抽查学生朗读“易读、易错分类生字、词语导图”，检查其识字情况。请学生迅速回忆课文，说说这篇课文围绕“那只松鼠”讲了一个什么故事。请学生看着自己制作的课文内容思维导图，讲述课文的主要内容。

（三）感受父亲放松鼠的不舍

师：父亲做了一个什么动作才把那只松鼠放掉的?

生：咬咬牙。

师：你从文中哪个句子中找到了这个词?（课件出示：“最后，我咬咬牙，把它放了。”）

师：从“咬咬牙”这个动作里你体会到了什么?（请学生带着体会再读这句话。）

（四）感受松鼠的“活泼伶俐”

师：到底是一只什么样的松鼠，让父亲如此舍不得放掉?

生：活泼伶俐。（板书：活泼伶俐。）

1. 理解体会“活泼伶俐”

课件出示句子，并请学生读句子。让所有学生把“活泼伶俐”的解释发到平台里，教师评价。然后再请学生说说自己的思考方法，教师针对问题，引导学生理解词语。

师：老师给大家带来了一些“活泼伶俐”的小动物，请大家结合生活实际谈谈“活泼伶俐”的意思，并用“活泼伶俐”说一句话。（课件出示：小猴子、小狗、小猫、仓鼠、小燕子、珍珠鸟等生活中常见的小动物画面。）

生：自然灵活，聪明乖巧。

引导学生结合生活实际说话，并把句子说得具体、说得优美。让所有学生把自己的思考发到平台上，教师随机抽取一些进行展示，再请学生带着体会把这些话读一读。此处可分男、女生朗读，注意点拨朗读方法。

师：读得不错，孩子们，你们是从哪些词句中感受到这是一只活泼伶俐的小松鼠的？用你们喜欢的符号勾画出来。

请所有学生在云平台电子课本上勾画，并展示自己的勾画作业。根据学生的反馈情况，出示句子。

2. 从动作感受松鼠的“活泼伶俐”，学习抓住动作描写动物的写作方法

（1）可是没等我接近，那个圆球就“嗖”地一下蹿上了树梢。

（2）那些小精灵呢，似乎是在故意逗我玩，“嗖嗖嗖”地直朝树梢蹿，然后又从这棵树梢跳到那棵树梢。

师：你们从哪些关键词看出小松鼠是“活泼伶俐”的?

师：听到过“嗖”的声音没有?

生：放冲天炮的时候，箭“嗖”的一声就射出去了。

师：从“嗖” 这个词你感受到了什么?

生：松鼠动作快。（板书：动作。）

师：大家知道“蹿”是什么意思吗?（提示“蹿”与足有关，引导理解“蹿”。）

生：跳。

师：怎样跳? 它和窜一样吗?（提示这两个字的读音，引导学生理解“蹿”是向上或向前跳，而“窜”是乱跑乱跳。）

师：你能用动作来区别这两个字吗? 感受到了什么?

生：松鼠的动作轻快。

师：请大家带着体会再来读这几个句子，读着句子想象一下松鼠在林中是怎样活动的，把你脑海中浮现的画面说一说。（课件出示句子。）

师：读书时就要边读边想象，这样才能走进故事，感受到读书的乐趣。（播放松鼠在林间活动的动画，感受松鼠动作的轻快。）

师：瞧，在林间蹿跳的小松鼠好活泼呀！真是一只小精灵啊，再次朗读这两句话体会小松鼠的“活泼伶俐”。

3. 从外形感受松鼠的“活泼伶俐”，学习抓住外形描写动物的写作方法

师：这只小松鼠不但动作敏捷，而且长得还挺乖巧。你从哪儿可以看出它是只乖巧的动物？

生：我先是看到树干上有个灰褐色、毛茸茸的圆球在跳动。（课件出示相关句子。）

师：你看到的这只松鼠是什么颜色的？

生：灰褐色。（课件出示图片。）

师：这样的动物给你的感觉是怎样的?

生：毛茸茸的，很可爱。

师：能用“毛茸茸”说一句话吗?（读句子，想象画面。）

师：父亲一开始看见的那只小松鼠是什么形状的?

生：圆球形的。（课件出示像圆球一样的松鼠画面。）

师：瞧，这就是那只——活泼伶俐的松鼠。

师总结：作者通过对松鼠外形的描写（板书：外形。），让我们眼前出现了一只可爱的松鼠。（生再带着体会朗读句子。）

4. 再次感受松鼠的“活泼伶俐”，总结动作、外形描写的方法

师：这只松鼠动作敏捷轻快，外形可爱，真是一只“活泼伶俐”的动物呀！让我们带着体会再来感受它的“活泼伶俐”。

师：看着书上的文字，通过朗读，大家是否感觉到那只“活泼伶俐”的小松鼠就在眼前跳动?作者为什么能把那只小松鼠写得栩栩如生、跃然纸上？

生：因为作者抓住了它的动作、外貌特征进行描写，体现了松鼠活泼伶俐的特点。

（五）走近“可怜巴巴”的松鼠

1. 理解“绝望”“抗拒”“乞求”的意思

师：这样可爱的小精灵，当然是人见人爱，所以父亲把它网在了网袋里。此时，你看到了一只怎样的松鼠?

生：可怜巴巴。（板书：可怜巴巴。）

师：是呀，我看着这只一动不动地……想伸手去摸摸它。突然，我看见了它的目光（生接读）——像是绝望，像是抗拒，像是乞求……（课件出示第 4 自然段。）

师：你从哪些关键词中仿佛看到它可怜的样子？

生：绝望、抗拒、乞求。

师：请你根据小松鼠的处境，想想“绝望”“抗拒”“乞求”分别是什么意思。

2. 浮现画面，体会松鼠的“可怜巴巴”

师：是呀，眼睛是心灵的窗户，父亲从它那泪眼蒙蒙的眼睛里看到了（生接读）——像是绝望，像是抗拒，像是乞求……的目光。

师：读着读着，你的眼前是否浮现出了小松鼠“像是绝望，像是抗拒，像是乞求”的可怜巴巴的样子？（引导学生抓住松鼠的动作、外形、神情、心理活动等，让学生设身处地做上述动作、表情，体验心理活动，去想象，并把想象的画面用语言表达出来。）

师：刚才作者抓住动作和外形，把一只“活泼伶俐”的小松鼠送到了我们眼前，你想抓住什么进行描写，把一只“像是绝望，像是抗拒，像是乞求”的样子的小动物写得活灵活现，突出它的“可怜巴巴”呢？

生：动作、外形、心理、神情。（板书：心理、神情。）

师：谁能试着从这几个方面，把你们刚才想象的画面串联起来说一说？（根据学生的回答进行点评，引导学生把画面串到一起，说得通顺、具体，体现出松鼠当时可怜的样子。）

3. 小练笔

请同学们抓住小松鼠的动作、外形、神情、心理、叫声等，想象出小松鼠“像是绝望，像是抗拒，像是乞求”的样子，并描写出来。将写好的作品上传到云平台里，供老师和学生阅读、评价。

4. 再次朗读，感受松鼠的“可怜巴巴”

师：让我们再次通过朗读，走近那只可怜巴巴的松鼠。

最后请学生理解句子“我说不出为什么要这样做，但我觉得非这样做不可。”

（1）师：孩子们，故事读到这儿，你们知道“我说不出……”这是为什么吗？是呀，父亲出于人的本能、人的善良，最终还是放了那只松鼠。

（2）升华情感，引导学生说说，读到这儿你想对父女俩说些什么。

（六）总结评价

请学生谈谈本节课的收获。师生共同对学生的学习准备、学习过程、学习成果、小组合作等情况做客观评价，并通过平台展示评价的过程和结果。

（七）拓展

师：小动物们很可爱，它们是我们的朋友，我们应该用一颗爱心来保护它们，这样世界才会更美好。

课后可推荐学生阅读老舍的《猫》和冯骥才的《珍珠鸟》，并在云平台里交流他们是怎样描写动物的，感受两位先生在字里行间流露出的对动物的喜爱之情。

附：板书设计

动作　外形

活泼伶俐 ——→ 可怜巴巴

心理　神情

七 教学反思

本节课的指导思想是自主学习，创造运用，乐中学，学中乐。我首先用动画引入来激发学生的求知欲，然后引导学生抓住关键词感受父亲的“不舍”，感受小松鼠的“活泼伶俐”。在感受“活泼伶俐”的同时，归纳总结作者采用了抓住小松鼠的动作、外形来描写小松鼠。然后让学生试着抓住小松鼠的心理、神情来体会它的“可怜巴巴”，并仿照作者的写作方法用文字表达出来。

本课教学中，我充分发挥教师的引导作用，凸显学生的主体地位，引导学生通过发现、比较、体会、讨论、归纳等方式进行自主学习，培养他们自主阅读、归纳总结的能力；让学生用心理、神情描写的方法，创造性地写出松鼠“可怜巴巴”的样子，培养他们的创作能力。

在本节课的学习中，学生经历了发现、比较、归纳等学习过程，知道用抓住关键词的方法来体会情感，理解文章；知道抓住动作、外形、心理、神情来描写身边的动物。通过本节课的快乐学习，学生们既习得了阅读方法，也习得了写作方法，收获颇丰。

自主梳理，建立联系，综合运用
——“多边形的面积整理和复习”云课堂教学案例

易丙高[①]

一 教学背景

（一）课时

1 课时。

（二）教学准备

教学课件、思维导图、课堂投票等多媒体资源，长方形、平行四边形、三角形、梯形的磁条教具。

二 教学目标

1. 梳理本单元所学知识，整理多边形面积计算公式及推导过程，能灵活熟练地运用公式解决问题。

2. 经历回顾、梳理、比较、归纳等过程，沟通图形间的内在联系，形成知识网络，体会转化思想，培养空间观念。

3. 提高学生综合运用知识解决问题的能力，引导学生感受数学与生活的联系，体验数学的应用价值。

① 重庆市开州区汉丰第五小学

三 教材分析

本节课的教学内容是人教版小学数学五年级上册第 103 页的“整理和复习”，旨在让学生通过自主梳理本单元所学的平行四边形、三角形和梯形的面积计算公式，建立多边形面积之间的联系，从而提高综合运用相关知识解决问题的能力。

四 教学重难点

1. 整理多边形面积计算公式及推导过程，能灵活熟练地运用公式解决问题。
2. 理解多边形面积计算公式间的内在联系，掌握转化的思想方法，形成知识网络。

五 教学方法

在课堂教学中，充分发挥学生的主体作用，让他们自主梳理本单元所学的知识，引导他们建立多边形面积间的联系，从而综合运用本单元所学知识解决生活中的实际问题。

六 教学过程

（一）开门见山，引入课题

师：同学们，咱们这一单元主要学习了什么内容？（多边形的面积。）今天这节课，我们将对多边形的面积知识进行简单的整理和复习。（揭示课题。）

（二）梳理知识，形成网络

1. 整理单元知识要点

师：请同学们回忆一下，在“多边形的面积”这一单元里面咱们具体学习了哪些知识。请大家用“思维导图”把本单元的知识要点列举出来。（教师把思维导图推送给全班学生，学生在平板电脑上完善思维导图，全班交流后，教师再把完整的思维导图推送给全班学生。）

【思维导图是一种高效的思维工具，在复习课上能帮助学生主动建构知识结构，提高学习效率。但学生的建构往往是不全面的，需要补充和完善。AiSchool 教学中

心的“思维导图”具有强大的合并功能，能够很好地解决这一问题。】

2. 整理多边形的面积公式及推导过程

师：平行四边形、三角形和梯形是本单元学习的基本图形，这些图形的面积你们都会计算吗？请把它们的面积计算公式写出来吧。（教师以“课堂提问”的方式把这些基本图形推送给全班学生，学生在平板电脑上依次写出各种图形面积的计算公式，教师选取学生的作品展示交流。）

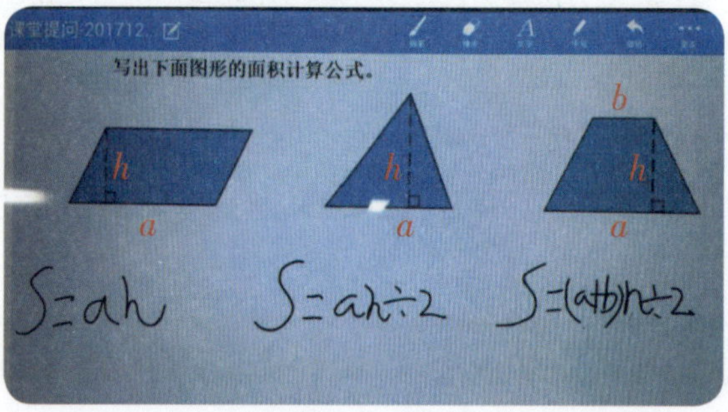

图 1 本单元所学基本图形及其面积计算公式

【AiSchool 教学中心的“课堂提问”可以把教学资源中的任何一个画面截图推送给学生作为课堂问题，学生作答后，教师能快速了解所有学生的答题情况，从而帮助教师充分了解学情，以学定教。】

师：这些图形的面积计算公式是如何推导出来的呢？请同学们在小组内交流一下。（教师把图形面积公式推导过程的课件推送给全班学生，学生结合课件讨论交流。）

【把多边形面积公式推导过程的课件作为教学资源推送给学生，学生可以结合课件自主回忆、交流推导过程，更加形象直观。】

全班交流、汇报展示。

师：哪个小组来说说平行四边形面积计算公式的推导过程？

生：把平行四边形沿着它的“高”剪下来，分成两个部分，通过平移，把平行四边形转化成长方形（如图 2）。虽然图形的形状变了，但面积不变。长方形的长等于平行四边形的底，长方形的宽等于平行四边形的高。因为“长方形的

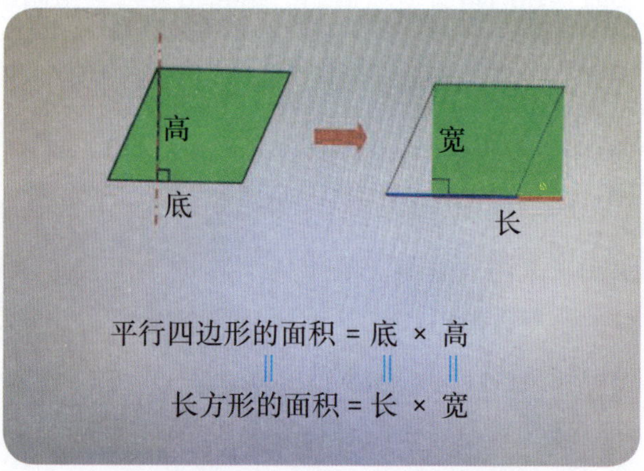

图 2 平行四边形面积计算公式推导过程

面积 = 长 × 宽”，所以“平行四边形的面积 = 底 × 高”。（学生拿着平板电脑汇报，教师投影其屏幕。）

师：刚才，我们把平行四边形转化成已经学过的长方形来研究，通过长方形的面积公式推导出了平行四边形的面积公式。可以看出，转化是一种很重要的思想方法。

师：那三角形面积计算公式的推导过程是怎样的呢?

生：我们用两个完全相同的三角形拼成了一个平行四边形，平行四边形的底等于三角形的底，平行四边形的高等于三角形的高，这两个三角形的面积等于拼成的平行四边形的面积。因为“平行四边形的面积 = 底 × 高”，所以“这两个三角形的面积 = 底 × 高”，从而推出“三角形的面积 = 底 × 高 ÷2”。（学生拿着平板电脑汇报，教师投影其屏幕。）

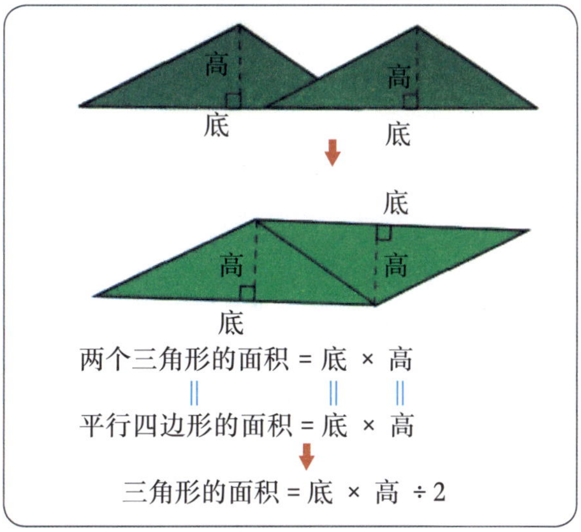

图 3 三角形面积计算公式推导过程

师：这次，我们把三角形“转化”成了已经学过的平行四边形来研究，同样用到了转化的思想方法。

师：梯形面积计算公式的推导是不是也运用了转化的思想方法呢?

生：我们用两个完全相同的梯形拼成了一个平行四边形，平行四边形的底等于梯形的上、下底之和，平行四边形的高等于梯形的高，这两个梯形的面积等于这个平行四边形的面积。因为“平行四边形的面积 = 底 × 高”，所以“两个梯形的面积 =（上底 + 下底）× 高”，从而推出“梯形的面积 =（上底 + 下底）× 高 ÷2”。（学生拿着平板电脑汇报，教师投影其屏幕。）

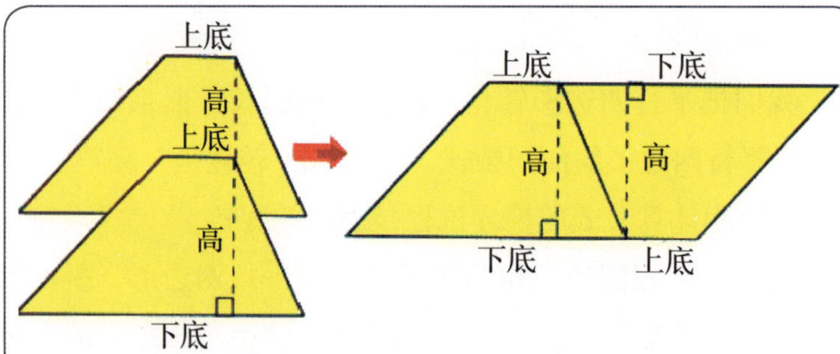

两个梯形的面积 ＝（上底＋下底）× 高

平行四边形的面积＝底 × 高

梯形的面积＝（上底＋下底）× 高 ÷2

图 4 梯形面积计算公式推导过程

师：在研究梯形的面积时，我们同样运用了转化的思想方法，把梯形“转化”成已学过的平行四边形来研究。

【利用 AiSchool 教学中心的“投影展示”功能，教师可以投影任何一个平板电脑到大屏幕，学生在自己的座位上就能通过平板电脑向全班同学演示、讲解多边形面积计算公式的推导过程，为课堂展示提供了极大的便利。】

3. 建立多边形面积之间的联系

师：这些图形面积公式的推导看上去各不相同，但它们有没有共同点呢？（都是通过已有的面积公式推出新的面积公式，即“转化”。）

师：你能利用多边形的面积计算公式判断下面的图形中谁的面积大吗？

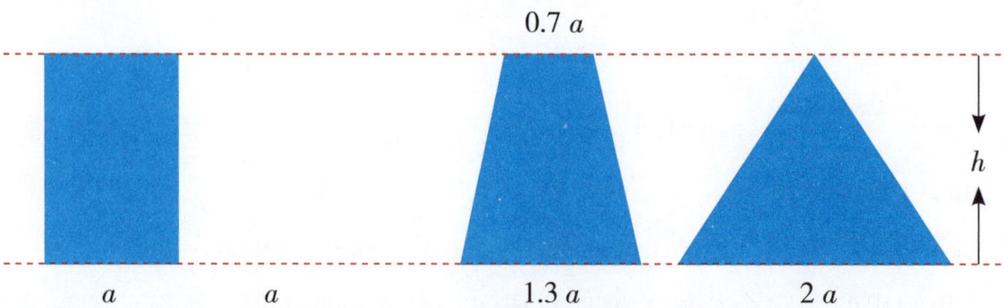

图 5

（教师以“课堂提问”的方式把问题推送给全班学生，学生在平板电脑上解答后，教师选取学生的作品展示、交流。）

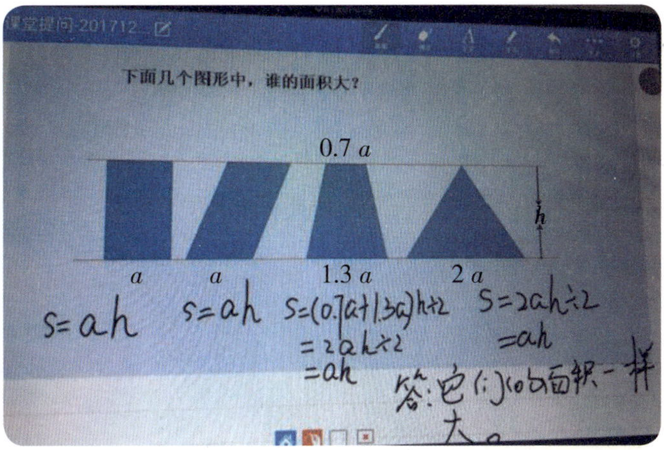

图 6 部分学生答案展示

师：它们的面积相等，高也相等，那它们的底存在着怎样的关系呢？

生 1：图中三角形和梯形的底是平行四边形、长方形底的 2 倍。

生 2：也可以说这些图形的上、下底之和是相等的。

师：这些图形的面积计算既有区别，也有联系。这些图形面积的计算公式能不能统一成一个呢？如果能，又该统一用哪个公式来计算呢？（待学生思考后，教师向学生推送“课堂投票”，让学生选出自己心目中的答案，以此来激发学生的探究欲望。）

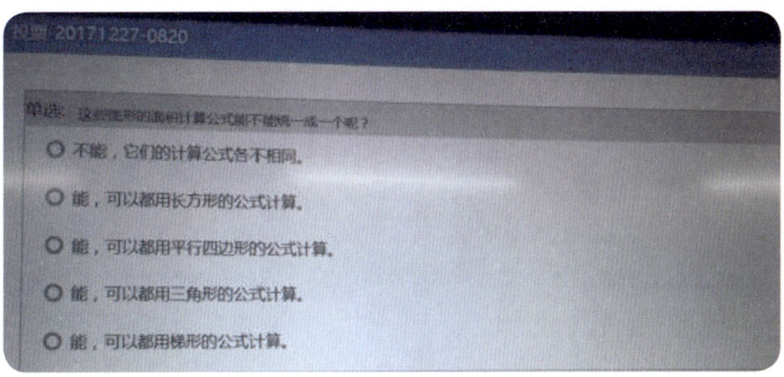

图 7 “课堂投票”示意图

【多边形的面积计算公式各不相同，究竟哪个图形的计算公式是万能的，这是一个有争议的话题。AiSchool 教学中心的“课堂投票”可以让学生对有争议的问题发表自己的看法，引起学生的认知冲突，从而进行探究性学习。】

师：看来大家的意见不太统一，接下来我们来看一个动画——《梯形变形记》，看完后或许大家的想法会有所改变。

（学生自主播放动画《梯形变形记》，感知长方形、平行四边形、三角形都可以通过梯形变形得到，从而明确可以把这些图形的面积计算公式统一到梯形中去。）

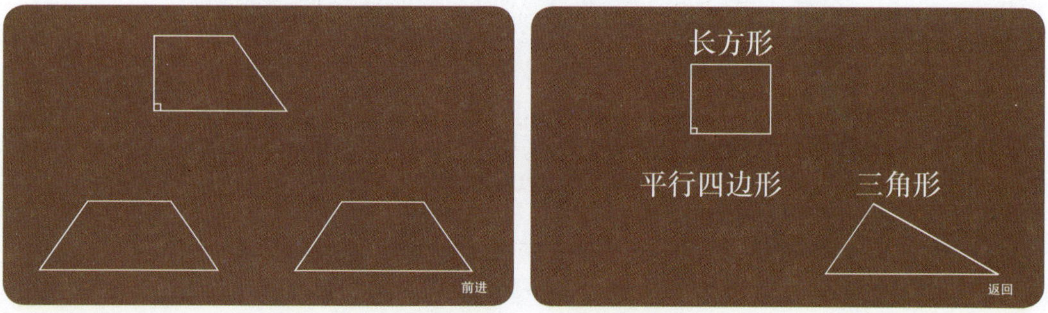

图 8 《梯形变形记》部分画面

【把《梯形变形记》这一动画作为教学资源推送给学生，学生自主点击、播放动画，发现长方形、平行四边形、三角形都可以通过梯形变形得到，学生学习的主动性、积极性明显增强。】

师：有想法了吗？把你的想法在小组内说说吧。看看大家的想法是否一致。（小组交流后，全班汇报。）

师：大家的意见总算统一了。其实，我们不仅可以用梯形的面积公式来计算这些图形的面积，还可以通过梯形的面积公式推导出其他图形的面积公式呢。（播放微课视频，了解推导过程。）

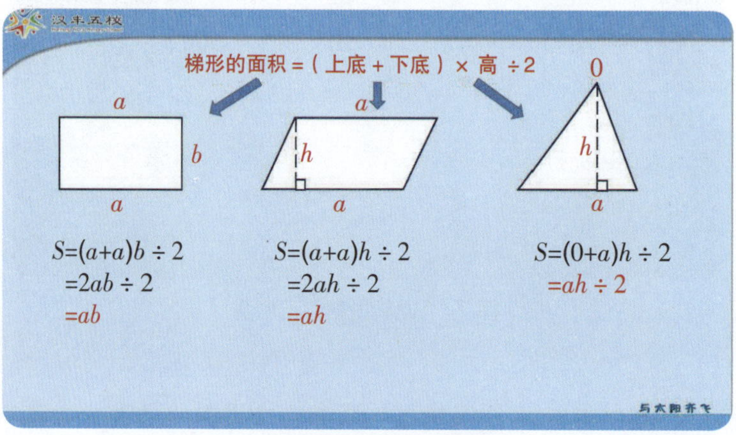

图 9 面积计算公式推导过程

【当学生发现多边形的面积都可以用梯形的面积公式来计算时，他们对多边形

面积公式的统一是很感兴趣的，但是要让他们自己通过梯形的面积公式去推导也存在一定的困难，微课视频很好地解决了这一问题。】

4. 整理组合图形面积的计算方法

师：基本图形的面积计算我们已经掌握了，把几个基本图形组合起来的图形叫什么？（组合图形。）你们觉得组合图形的面积可以怎样计算呢？（可以先分再加，也可以先补再减。）请大家用自己喜欢的方法完成数学书第103页的第2题。（学生完成计算后，用平板电脑拍下解题过程，上传至班级相册。）

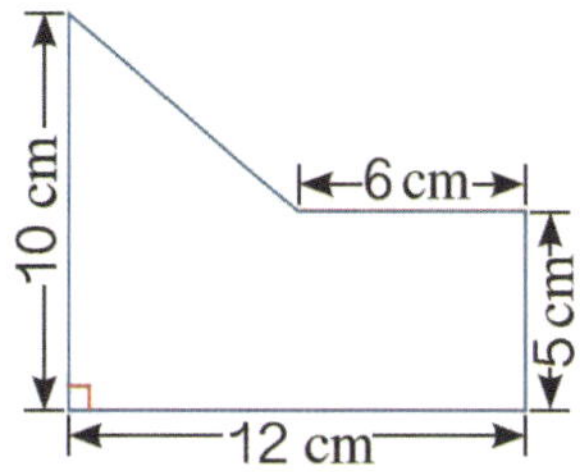

图10

全班交流，汇报展示。（待所有同学完成计算后，教师请不同解法的学生汇报，并把他们的解法推送给全班同学。）

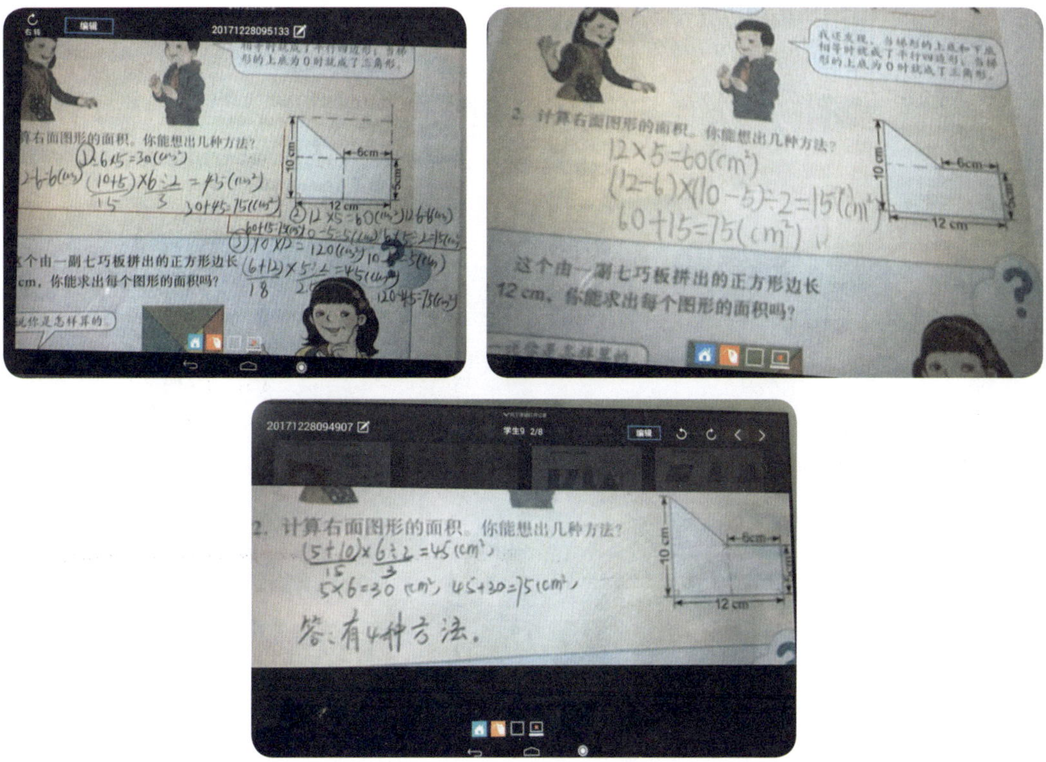

图11 部分学生汇报展示

【学生在平板电脑上添加辅助线来解决问题的操作比较麻烦，费时费力。为了提高课堂教学的有效性，让学生在书面上添加辅助线解答，然后拍照上传至班级相册，教师选择不同解法分别推送给学生，轻松实现全班省时、高效的交流。】

5. 整理不规则图形面积的计算方法

出示下图，师：这是一个什么图形？（不规则图形。）它的面积又该怎样计算呢？

生 1：先数出满格，再把不满一格的按半格计算，就可以估算出它的面积。

生 2：把外圈的图形近似转化成梯形，内圈的图形近似转化成正方形，用梯形的面积减去正方形的面积就是这个图形的面积。

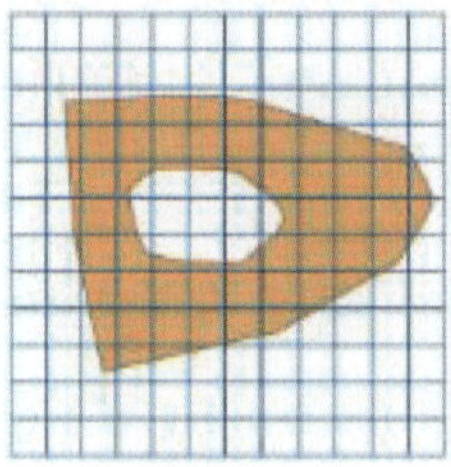

图 12

自主选择算法，估算出图形的面积。（教师用“课堂提问”的方式把题目推送给全班学生，学生们在平板电脑上自主解答，教师投影学生屏幕，汇报交流。）

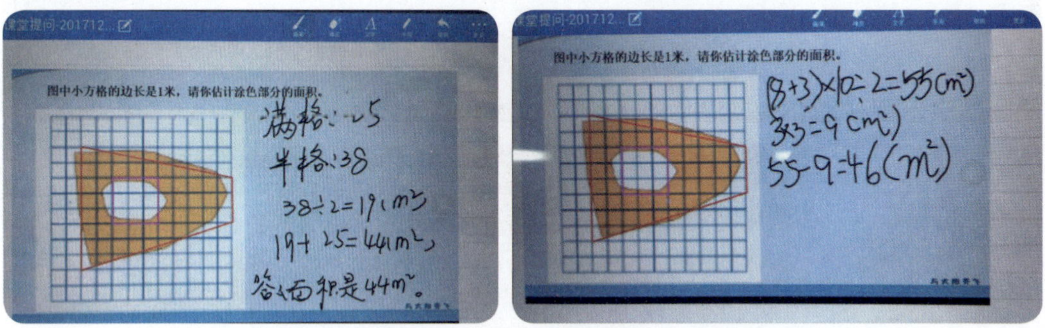

图 13 部分学生汇报展示

【把 AiSchool 教学中心的“课堂提问”和“课堂投影”这两大功能合并使用，既能帮助教师快速了解所有学生的答题情况，又能适时地对学生进行激励和指导，为课堂展示提供便利。】

（三）回顾反思，总结提升

师：通过这节课的整理和复习，你有哪些收获呢？

生 1：我对本单元的知识有了系统的了解。

生 2：我发现多边形面积计算公式的推导过程都用到了转化的思想方法，转化是我们学习数学的一种重要思想方法。

生 3：我们不仅可以用梯形的面积公式来计算这些图形的面积，还可以通过梯形的面积公式推导出其他图形的面积公式呢。

……

师：大家的收获真不少！通过这节课的整理和复习，我们不仅巩固了本单元所学的知识，还提高了整理、归纳知识的能力。掌握了整理和复习这种学习方法，你们将终身受益！

七 教学反思

本节课，我先让学生用思维导图梳理本单元所学知识点，形成知识网络。再让他们借助课件自主回顾平行四边形、三角形和梯形面积公式的推导过程，感受“转化”的运用。接着，通过课堂投票引导他们统一多边形面积的计算公式，建立多边形面积之间的联系。最后，综合运用多边形面积的相关知识解决了生活中组合图形、不规则图形的面积问题。

在整个教学活动中，我充分发挥学生的学习主体作用，让学生自主梳理、回顾本单元知识，主动感知、建立多边形面积的联系，综合运用本单元知识解决实际问题。教学活动中，云课堂的交互功能得到了充分的发挥，学生通过平板电脑终端自主学习、合作交流、汇报展示，学习积极主动，高效地完成了学习任务。

本节课，学生经历回顾、梳理、比较、归纳等过程，沟通了图形间的内在联系，形成了知识网络，体会了转化思想，培养了空间观念，提高了综合运用知识解决问题的能力，感受到了数学与生活的联系，体验了数学的应用价值。同时，通过这节课的复习，学生们还学会了整理复习的方法，对于以后的学习非常有用。

聚焦平板教学，走近“人人通”智慧课堂

——“简单的排列”云课堂教学案例

梁娟①

一 教学背景

（一）课时

1 课时。

（二）教学准备

教师：学乐云智慧课堂、多媒体课件及学乐云部分资源。

学生：平板电脑，答题卡，数字圆片，红、黄、蓝贴纸。

二 教学目标

1. 学生在操作、观察、猜测等活动中了解并发现简单事物排列的基本思路和解决方法，培养学生有序、全面思考问题的能力，让学生初步体会排列的思想方法。

2. 在发现简单事物排列数的过程中，初步培养学生的观察、分析、推理能力，以及恰当地进行数学表达的能力。

3. 学生初步感受排列的思想方法在日常生活中的应用，初步感受数学与生活的密切联系。

① 重庆市巴南区清华小学校

三 教材分析

“简单的排列”是人教版小学数学二年级上册第八单元数学广角的内容，重在向学生渗透简单的排列与组合的数学思想和方法，并初步培养学生有序、全面思考问题的能力。

四 教学重难点

1. 教学重点：引导学生进行简单的推理活动。
2. 教学难点：引导学生初步理解简单事物排列的特征。

五 教学方法

学生通过观察、动手操作、合作交流等活动，掌握排列的方法。再联系学生的生活实际，运用排列思想解决生活中的实际问题。

六 教学过程

（一）创设情境，激趣导入

师：同学们，你们想到数学王国去玩吗?

师：到数学王国去可别走丢了，要记住老师的电话号码。想知道老师的电话号码吗?

（出示电话号码：187232xx969。）

师：老师的电话号码里面有两个数字想让你们猜一猜，这两个数字是 6 和 4，你们说老师的电话号码可能是多少呢?

师：老师电话号码里的未知数是 6 和 4 组成的最大两位数，你们知道老师的电话号码了吗?

【设计意图：用老师的电话号码，激发学生的学习兴趣，让学生初步体验两个数字能组成不同的两位数，从而找出老师的电话号码，为本节课后面三个数的排列做好铺垫。】

（二）探索新知，感知排列

1. 通过例题，引导学生初识排列

师：走进数学国王一看，你发现了什么？

生：有一把密码锁。怎样打开这把密码锁呢？

出示信息：用1、2和3组成两位数，且所组成的两位数十位和个位上的数不相等，能组成几个这样的两位数？

师：可以组成几个这样的两位数呢？（学生自由发言，引导学生说出两种情况。）

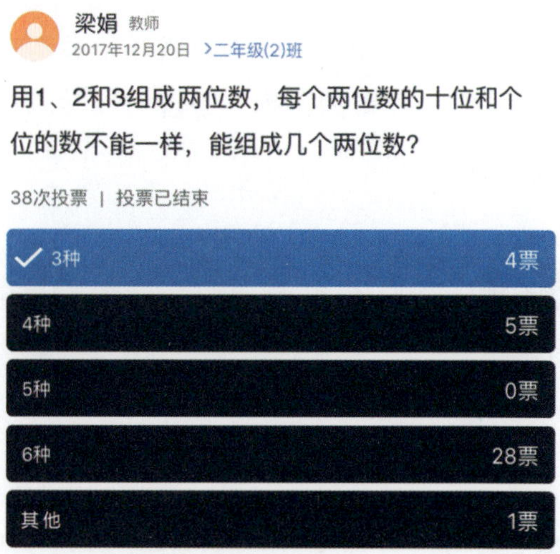

图1 学生客观选择结果

生：12和21……

师：根据刚才一些同学的信息，你们初步认为可以有几种情况呢？

（学生通过平板电脑，客观选择：3种，4种，5种，6种，其他。）

【设计意图：教师运用学乐云平台发起投票，学生通过平板电脑猜测有几种排列方法。】

师：那到底是几种呢？

引导学生独立思考，拿出数字卡片摆一摆，边摆边写，把能想到的两位数一一列举出来。

同桌合作及分工：

（1）摆一摆：拿出数字卡片，一个同学摆，另一个同学把摆好的几种情况记录在表格里。

（2）拍照：组长把摆好的数字卡片拍照上传。（学生通过平板电脑拍照上传，利用人人通平台接合平板进行随堂反馈。）

（3）汇报交流。（随机点名。）

【设计意图：引导同桌两人分工合作，一个同学摆放，另一个同学把摆放的两位数记录在表格里，初步感受排列的方法。然后通过平板电脑拍照上传至平台，进行汇报交流。】

2. 合作探究排列的方法

师：观察这种排列方法，你有什么发现？为什么？（出示多出 6 个的答案。）

师：要解决这个问题我们要注意什么呢？（板书：不重。）

师：再来观察这种排列方法，你有什么建议？（出示少于 6 个的答案，板书：不漏。）

师：请大家观察这些方法，说一说好不好，好在哪里。思考一下我们有什么好的办法可以做到既不遗漏又不重复。（出示 6 个答案的几种不同排序，板书：有序。）

师小结：只有做到有序思考，才能做到不重复、不遗漏。那怎么有序地思考呢？（调换位置法、固定十位法、固定个位法。）

师：无论采用哪种方法，一定要按一定的顺序来摆，这样就不会重复和遗漏了。密码锁的密码是组成的两位数中最小的一个。你们知道了吗？（原来是 12。）

【设计意图：教师从创设情景入手，让学生经历从具体到抽象、从无序到有序的探究过程，使学生进一步感知问题中所隐含的规律，从而逐步形成解决问题的优化策略。】

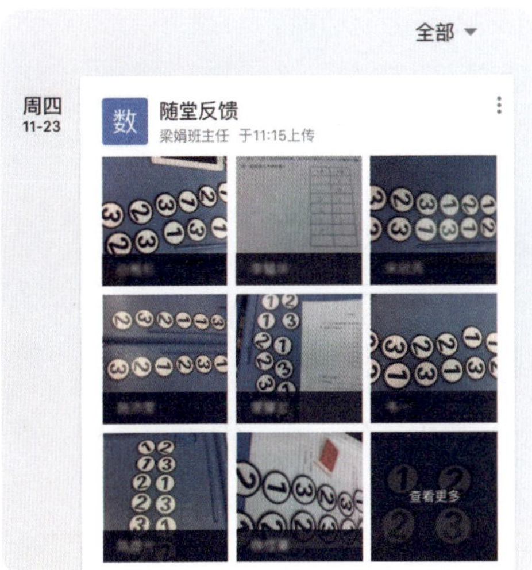

图 2　学生完成情况

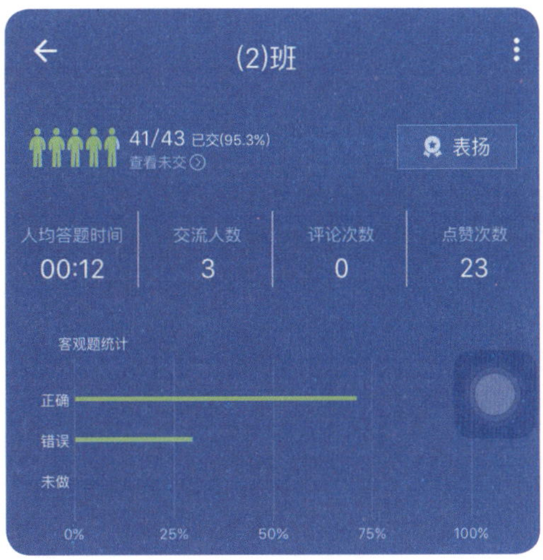

图 3　学生作答的正确率统计

3. 利用人人通平台，把作业推送给学生，学生用平板电脑答题

利用人人通平台，出示教材第 97 页“做一做”的内容。

用红、黄、蓝三种颜色给地图上的两个区域涂上不同的颜色，一共有多少种涂色方法？

学生涂色，教师巡视，通过人人通平台，随机点名回答问题。

汇报交流：红黄、红蓝、黄红、黄蓝、蓝红、蓝黄共 6 种。

（三）巩固练习

练习二十四：3 名同学坐成一排合影，有多少种坐法？

（学生利用平板电脑进行答题，教师可以快速地用“人人通智慧课堂”监测到有几个人作答正确。）

（四）总结

这节课你学到了什么？你有什么收获？

七 教学反思

1. 课前如何把平板电脑教学融入这节课的教学设计中

精准设定教学目标，让平板电脑为教学目标服务。

确立了正确的教学目标，在设计教学时，思考如何利用平板电脑的功能为我的教学服务。本节课中，我初步运用了平板电脑的以下几个功能：

（1）利用“学乐云教学”软件中的人人通空间，发起一个投票；

（2）“人人通智慧课堂”的课堂反馈功能；

（3）完成作业的推送功能。

2. 课堂上如何利用“平板电脑 + 人人通智慧课堂”完成教学目标

教学过程中多次运用了反馈，进行数据汇总，以便教师能够快速掌握学生学习完成情况。

开课时的投票，学生把猜测排列的几种方法通过学乐云平台反馈给教师，教师进行数据汇总，掌握学生的第一次反馈内容。

学生运用数字卡片动手操作环节，摆出几种排列方法，通过“人人通智慧课堂”拍照上传后进行全班交流汇报，教师收到学生传上来的第二次反馈内容，随机选择出交流内容，进而总结出排列方法：固 定十位法、固定个位法、调换位置法等三种方法。

3. 课后如何利用平板电脑完成课后作业

新授课结束之后，学生完成作业，利用“人人通智慧课堂”的作业功能，把几道练习题推送给学生，规定在 2 分钟内完成作业（计时功能），第三次反馈给教师，教师把反馈的数据进行分析汇总，准确地发现哪道题错得多，是哪些学生做错了，从而有针对性地调整教学，学生也会及时发现自己哪些地方学得不好。

4. 人人通智慧课堂对数学教学的作用

（1）及时反馈，有利于教师快速掌握学生的学习情况。

课中的三次反馈，有利于教师快捷、迅速地掌握学生信息。哪些环节、哪些学生在哪个知识点上存在问题，教师可针对学生存在的问题，在本节课或下节课调整自己的教学任务，这样的优势是传统教学无法比拟的。

（2）家长可以远程掌握学生在学校完成作业的情况。

学生在平板电脑上完成作业，家长会在手机上接收到课堂作业完成情况的反馈信息，能够第一时间掌握孩子的学习情况，对孩子的学习起到很好的监督作用。

5. 存在的困惑

一是，由于学生们处于低年级阶段，自控能力比较弱，注意力很容易被平板电脑吸引，对课堂上讲授内容的关注度会有所下降，会加大教师对课堂的管理难度。

二是，由于电脑操作次数的增多，教师容易造成思维断片，从而影响教学水平的正常发挥。

在“人人通智慧课堂”环境下用平板电脑上课，对学生来说是比较新鲜的，需要培养学生新的、良好的学习习惯。对教师来讲，也有一个学习、实践、融会贯通的过程，尤其在学科教学与技术之间要找到恰当的融合点，这也正是我们着力探讨的一个课题。全新的教育视野，全新的技术手段，全新的教学环境，会给我们的教育注入全新的活力！

教育有“云”，课堂更精彩
——“负数的初步认识”云课堂教学案例

朱成邦 杜玉华 吴诗举①

一 教学背景

重庆市 2017 年教育云课堂项目教学应用研究工作渝东南片区研讨会在黔江区人民小学校举行。学校云课堂实验教师在会议现场执教“负数的初步认识”。

（一）课时

1 课时。

（二）教学准备

学习终端（平板电脑）、《认识负数》微课、多媒体课件、畅通的网络、edu 格式测试题。

二 教学目标

1. 通过微课和网络资源初步认识负数，理解负数的意义，了解负数的产生与作用，感受使用负数带来的方便。能用正负数描述现实生活中的现象，如温度、海拔等具有相反意义的量。

2. 会正确读、写正负数，知道 0 既不是正数，也不是负数。

① 重庆市黔江区人民小学校

3. 让学生在体验数学和生活密切联系的同时，进一步激发学生学习数学的兴趣，培养学生应用数学知识的能力。

三 教材分析

“负数的初步认识”是在学生系统认识整数、小数、分数的基础上学习的，负数的引入是数系的一次扩展。教材结合学生熟悉的生活情景，唤起学生已有的生活经验，引导学生在具体直观的情景中认识负数。本课的学习，意在让学生感受负数与生活之间的联系，要求较低，仅仅在熟悉的生活情境中了解负数。如何充分展现负数的魅力，激发学生的探索兴趣，是值得教师关注的问题。本内容计划用 2 课时完成，本节课是第 1 课时。

四 教学重难点

1. 教学重点：负数的意义，负数的读法与写法，感受负数在生活中的广泛应用。

2. 教学难点：理解负数的意义和“0 既不是正数也不是负数”，并会对生活中负数的实际意义做出解释。

五 教学方法

在教学中，我们坚持以学生为主体、教师为主导的教学原则，采用先尝试、后点拨、学导结合的教学方法，充分发挥云环境的优势，采用微课、多媒体课件辅助教学，放手让学生全面参与新知的发生、发展和形成过程，并学会操作、观察、比较、分析和概括，学会质疑问难，学会想象，学会与人交往，学会表达。

六 教学过程

（一）出示课题，提出问题

1. 揭示课题

我们今天学习——负数的初步认识。

2. 提出问题

读了课题，你想知道些什么呢？

这些问题很有探讨价值，那就请大家带着这些问题仔细观看微课。

（二）观看微课，检测学习结果

1. 学生观看微课《认识负数》

2. 学习效果检测

（1）出示检测题。（以课堂练习的形式出现或以教师提问的方式出现。）

（2）展示学生答题情况。（抽取 1~2 名学生讲述自己的答题想法，其余补充，鼓励学生评价，教师板书：相反意义，符号“+”，符号“-”。）

（三）查阅资料，了解负数的产生

1. 你知道负数是怎样产生的吗？请在网上搜索有关“负数的产生”的相关内容并阅读。（采用教师提问的方式，网络查询。）

2. 学生谈感受。

还有什么问题吗？接下来我们就一起到生活中去了解和认识负数吧！

（四）了解认识生活中的负数

1. 在温度计上表示不同的温度

（1）认识温度计。

生活中，我们常用温度计来测量温度。（出示温度计，认识温度计。）

（2）小组合作探索。

请在下列温度计上标出 15 ℃和 -15 ℃。（小组合作探究，教师进行指导。）

出示合作要求：

A. 请小组长先组织大家讨论解决办法。

B. 再指定 1 人执笔共同完成填图并拍照提交。

C. 推选 1 人代表小组汇报。

（3）展示探索结果。

（抽取 1~2 组的作品，让学生充分展示本小组的探索过程。）

师追问：你们为什么要先确定 0 ℃的位置？

生：0 ℃是零上温度和零下温度的分界线，只有 0 ℃的位置确定了，才能确定 15 ℃和 -15 ℃的位置。

师追问：以前我们学习的“0”表示没有，这里的“0”还表示没有吗？你们感受过 0 ℃的温度吗？

生：0 ℃是零上温度和零下温度的分界线，科学上把淡水结冰时的温度定为 0 ℃。

（4）归纳总结。

在 0 刻度线以上的数都是正数，在 0 刻度线以下的数都是负数。

（板书：0 是分界线，0 既不是正数，也不是负数。）

（5）小练习（玩游戏）。

你能在温度计上指出 25 ℃和 −20 ℃的位置吗？（根据水银柱的上升、下降叫停。）

2. 了解海拔

人们约定俗成地把海平面高度看作 0 米，那么珠穆朗玛峰、吐鲁番盆地的高度怎么表示？它们的分界线又是什么？

（1）介绍海拔。

把海平面的高度记作 0 米，这里的 0 米是表示没有高度吗？

高于海平面的高度用正数表示；低于海平面的高度用负数表示。

（2）填空。

吐鲁番盆地低于海平面 155 米，它的海拔记作（　　）米。

珠穆朗玛峰高于海平面 8844.43 米，它的海拔记作（　　）米。

3. 找一找生活中的正负数

师：除了以上这些正负数以外，你在生活中的哪些地方还见到了正数和负数？你能解释它们所表示的意思吗？

（五）达标检测

以教师提问的方式将内容发送给学生。

1. 分一分

用我们这节课所学的知识对下面的数进行分类。

−10；15；−155；8844.43；0；+12.5；　−3.5；−1

2. 连一连

用线将数轴上的点与相对应的数连接起来，并说说你的发现。

0.5　　−0.5　　1.5　　−2　　3　　−2.5

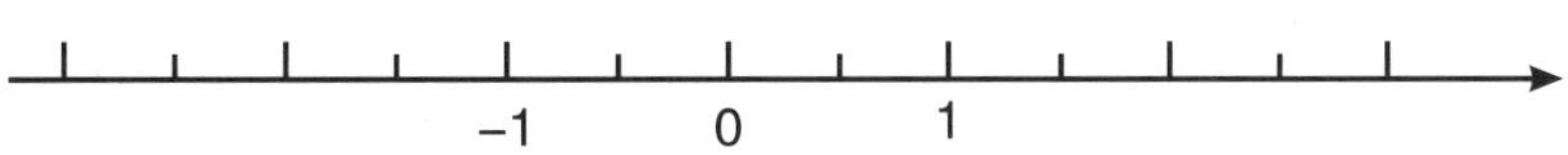

（六）拓展延伸

选择你认为理解正确的答案。（以课堂练习的形式发送，进行客观统计。）

如果12岁女孩的标准身高是152 cm，李玲和王春今年都是12岁，她们参加体检，身高一栏的记录是：李玲 +3 cm，王春 −4 cm，那么下列理解正确的是（　　）。

A. “+3 cm”表示比标准身高矮 3 cm

B. “+3 cm”表示比标准身高高 3 cm

C. “−4 cm”表示比标准身高矮 4 cm

D. “−4 cm”表示比标准身高高 4 cm

（七）课堂小结

1. 今天你学到了什么?

2. 还有什么疑问?

附：板书设计

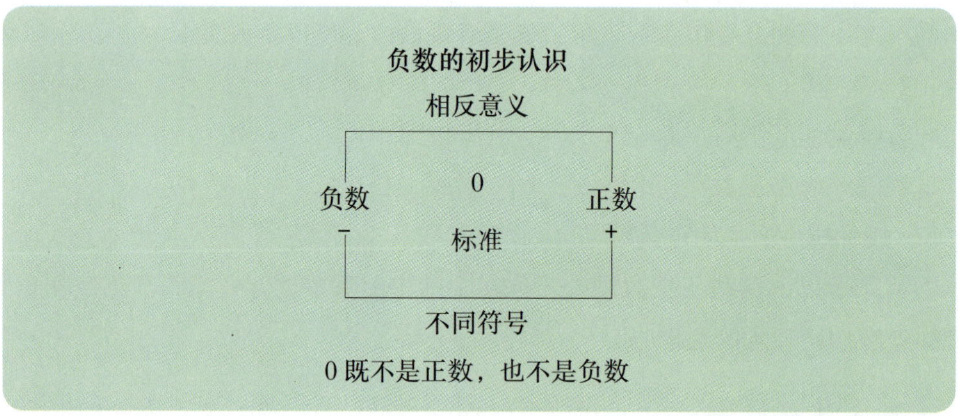

七 教学反思

黔江区人民小学校从2016年开始着手智慧校园建设，学校的教师们也由此开始触摸云课堂的春天，去感受、体验那神秘的世界。两年的实践与摸索，我们享受了“智慧”带来的方便与快捷，享受了新技术、新理念给师生带来的愉悦。我们不禁感叹：教育有“云”，课堂更精彩！那么，云环境下，如何让课堂更精彩呢?

（一）以学定教，顺学而导，课堂更大气

《义务教育小学数学课程标准（2011年版）》（以下简称《课标》）指出：“数

学教学活动必须建立在学生的认知发展水平和已有知识经验的基础之上，教师应激发学生学习数学的积极性，向学生提供充分从事数学活动的机会，帮助他们在自主探索和合作交流的过程中真正理解和掌握基本的数学知识与技能，体会和运用数学思想和方法，获得基本的数学活动经验。有效的教学活动是学生学与教师教的统一，学生是学习的主体，教师是学习的组织者、引导者与合作者。”《课标》为深化课堂教育改革指明了方向，提出了要求，课改的主阵地在课堂，成功的关键在教师。

随着教育信息化的发展，智慧云课堂的推广，“以学定教”“顺学而导”，培养学生的问题意识，让课堂大气、流畅，更加生机勃勃，已成为一线教师的理想与追求。那么，云课堂是如何实现的呢？教育家陶行知说过：“教的法子必须根据学的法子。”因此，云课堂教学，我们让学生带着问题通过看微课、网络搜索等方式自主学习，然后运用智慧课堂系统检测学生的学习效果。系统会生成大量的客观数据，直观呈现在师生面前，我们通过这些数据统计既可了解学生掌握知识的情况，也可根据这些反馈数据进行追踪，从而确定教什么、怎么教、如何导。真正实现以学定教，顺学而导。这种方便、快捷的功能在传统课堂教学中是难以想象的。只有在“云”环境下，“以学定教，顺学而导，培养学生问题意识”才能如鱼得水，水到渠成，如下面的教学片段。

师：同学们，我们今天学习……（教师手指课题。）

生（齐答）：负数的初步认识。

师：读了课题，同学们想知道些什么呢？

生 1：我想知道什么是负数。

师：这个问题问得很好！老师把它记录下来。（板书：负数。）

师：还有吗？

生 2：我想知道负数是怎么来的。

师：他想知道负数是怎么来的，也就是负数的……

生（齐答）：产生。

师：这个问题也很好，还有吗？

生 3：我想知道人们为什么要发明负数。

师：这个问题也不错，还有谁？

生 4：我想知道除了负数，还有正数吗？

师：他提出了一个课题中隐藏着的问题，很不错！为什么要提这个问题呢？因为有负数，就……

生（齐答）：必有正数。

师：因为它们是一组……

生（齐答）：相反意义的量。（板书：相反意义。）

【思考：问题是数学发展的源头。美国著名数学家哈尔莫斯认为，问题是数学的心脏。爱因斯坦也指出，提出一个问题往往比解决一个问题更重要。然而，有许多课堂，学生提不出问题。其实，只要教师善于挖掘教材，敢于给学生营造问题环境，学生是能提出问题的，并且能提出具有一定探究价值的问题，上面的案例就是一个有力的佐证。】

师：这些问题很有探讨价值，那就请大家带着这些问题仔细观看微课吧。看完后，看看哪些同学能过检测关。开始吧！（学生看微课。）

图1 观看微课

师：好了，刚才同学们看得非常认真，那么大家能否顺利过检测关呢？我们拭目以待。

教师在智慧平台上，点击“课堂练习”→“导入试卷”→“发送试卷”→“开始考试”（学生立即答题并提交）→“统一收卷”。

图2 课堂检测

师：好了，已经提交完成，我们来看看刚才的检测结果。正确率是98.3%，掌声祝贺。（学生鼓掌。）

师：我们来看看，是谁错了，他错在哪儿。

……

师：我们再来抽取一位同学的试卷（随机抽取）。请你讲述一下自己的做法。

……

师：刚才有位同学问到了“负数是怎么产生的”，你们想知道吗？

生（齐答）：想！

师：请在网上搜索“负数的产生”并阅读。

【采用“教师提问”的形式，将“负数是怎么产生的”发送给学生，与此同时，打开“功能拓展”下的“打开网络”。此时，学生学习终端的右边屏幕上就会出现“e”图标，学生点击该图标，就会弹出“百度一下”搜索引擎，学生在该引擎的搜索框输入关键词“负数的产生”，点击“百度一下”，就会弹出搜索的内容，实现个性化学习，方便快捷。】

这样上课真正实现了以学定教，顺学而导，培养了学生的问题意识，也真正实现了个性化学习。既充分体现了教师的主导地位，也充分调动了学生学习的主动性、积极性，学生围绕自己感兴趣的问题自主学习、兴趣盎然，课堂呈现出一片生机勃勃的景象。这样的课堂大气流畅，非常精彩！

（二）先学后教，导放结合，课堂更灵动

美国著名数学家哈尔斯曾经说过：“最好的教学方法不只是讲清事实，而应该是激励学生去思索，自己去动手。”课堂教学的“核心”是学生的“学习”，“学习”应当是学生加工信息、实现自我的过程；“学习”也应当是一个生动活泼的、主动的和富有个性的过程。许多名师多年的经验告诉我们：教师必须学会“放手”。放手让学生实践体验、自主探索、合作交流、积极思考。如以下教学片段。

师：生活中，我们常用温度计来测量什么？

生（齐答）：温度。

师：温度计大家认识吗？我来考考大家。

师（指着0刻度）：这是……

生（齐答）：0℃。

师：温度计上1小格代表……

生（齐答）：1 ℃。

师（指着 10 ℃）：这是……它是零上温度还是……

生（齐答）：10 ℃，它是零上温度。

……

师：请看这个温度计（只有刻度线，没有 0 ℃，也没有其他数据），你能在这个温度计上标出这两个温度吗？（请在下列温度计上标出 15 ℃和 −15 ℃。）

生（齐答）：能！

【小组合作学习：教师出示合作要求，小组长开始分工（谁发言、谁作图、谁拍照提交）并组织讨论；教师参与学习小组，与小组成员一同讨论】

师：我们来抽取一个小组提交的答案，请小组代表说一说解决办法。

生：我们小组是这样解决的。第一步，先标出 0 ℃，因为 0 ℃是零上温度和零下温度的分界线（板书：0，分界线）；第二步，再标出零上温度和零下温度的数据。

师：注意，这里不必写单位，因为上面有单位。

生（接着说）：第三步，我们先找 15 ℃，它在零上，再找 −15 ℃，它在零下。

师：他们找对了吗？其他小组还有补充吗？

……

师：那我们掌声通过！（学生鼓掌。）

师（指着学生刚才的汇报作品）：我们一起来看（指着 0），这是……

生（齐答）：0 ℃。

师：它表示……

生（齐答）：零上温度和零下温度的分界。

师（追问）：以前我们学习的“0”表示没有，这里的“0”还表示没有温度吗？你们感受过 0 ℃的温度吗？

生：这里的“0”表示的是 0 ℃，也就是零上温度和零下温度的分界线。淡水结冰时的温度就是 0 ℃。

师（指着零上温度）：这些都是……，用……表示？

生（齐答）：零上温度，用正数表示。（板书：正数。）

师（指着零下温度）：这些都是……，用……表示？

生（齐答）：零下温度，用负数表示。（板书：负数。）

在这个探究活动中，我们发现：学生合作学习活动井然有序（先分工，再讨论，接着操作），问题解决快速准确，学生展示汇报语言简洁、明了。学生在合作中探究，

图 3 教师指导学生答题

在互动交流中领悟，真正成了学习的主人。这种教学方式其实就是“先学后教，导放结合”。如果我们的课堂都能“放手”让学生亲自观察、亲自发现、亲自操作体验，大胆探索，教师则深入学习活动，去引导、点拨，教导不会的学生，这样就能让优生“吃饱”，中等生“吃好”，学困生“能吃”，并从中体验发现的快乐和探究的乐趣，同时也能帮助学困生走出困境，取得进步。这样的课堂教学一定是成功的、高效的。这正好应验了蒙台梭利的一句名言：“我听了，我忘记了；我看了，我就记住了；我做了，我就理解了。”这种“先学后教，导放结合”的教学方式，唤起了学生心灵深处那种探究的欲望，学生便积极主动地投入探究活动。真正实现了从“要我学”到“我要学”的转变，从而出现学生个个乐学、愿学、会学的局面。我们的课堂在互动中显生动，在生动中更灵动，确实很精彩。

（三）少教多学，互动交流，课堂更人本

美国人本主义心理学家罗杰斯认为，处于真正生活中的人都是希望学习、盼望成长、寻求发现、渴望创造的。课堂教学的责任必须把引导学习者“成人”作为第一要务，以发展人性、培养人格、改善人生为目的。因此，教育的本质核心所在就是“引导”和“唤醒”。云课堂是信息技术发展、渗透、融合教育教学全过程的一种新型教学方式。那么，在云课堂教育环境下，我们是如何以人为本，实现信息技术与数学教学的深度融合呢?

一是，创设学生喜欢的、熟悉的教学情景，激发学生的学习欲望，促其“爱学”。二是，营造“自主学习”的良好氛围，搭建交流展示平台，放手让学生动手实践，让学生自己去发现，自己去体验，使其投入地学。只要学生想学，教师即使不教他也能学会。如果学生不想学，教师不管怎么教，他也学不会。三是，给足时间、空间，让学生有足够的时间和空间经历观察、实验、猜测、计算、推理、验证等活动过程，使其扎实地学。四是，适当采用合作探究的方式，培养学生的合作意识，让其在探究中互相启发、共同成长。五是，注重“三教”，教学生体验，教学生思考，教学生表达，促其终身发展。学生才是课堂的“源头活水”，教师只有贴近学生的心，

走进学生的世界，知道学生在想什么、喜欢什么，开展学生喜欢的教学，才能让学生喜欢你、尊重你、爱戴你，也只有让学生心中有了你，他们才会喜欢上你的教学。孩子的天性是好玩、好动，喜欢看动画、喜欢玩游戏。如果我们的数学课堂有了孩子们喜欢的元素，我们的课堂教学也就成功了一半。比如：这节课中学生观看的微课《认识负数》中有2分钟左右的学习内容都是以“动漫”的形式制作的，学生看得津津有味，全神贯注，因此看后学习效果测试正确率达98.3%。又如以下教学片段。

师：这儿有个小游戏，大家快速地浏览一下游戏规则，看完了吗？

（你能在温度计上指出25 ℃和 −20 ℃的位置吗？请根据水银柱的上升、下降叫停。）

生（齐答）：看完了。

师：我们开始游戏（教师点击屏幕）。

生（齐喊）：停！

师：这是……

生（齐答）：25 ℃。

师：开始！

生（齐喊）：停！

师：这是……

生（齐答）：−20 ℃

师：请大家任选一个动作或表情来展示对这两个温度的理解。

……

好动、好玩是小学生的天性，如果在长时间的、枯燥的数学学习活动中能出现“游戏活动”，那肯定是他们最乐意接受的学习方式。因此，我们有意设计了上述游戏活动，让学生在“玩游戏”的活动中领悟、掌握了在温度计上表示零上温度和零下温度这一知识难点，同时还将“温度上升与下降”这一知识点巧妙渗透其中。这样，让学生在自己喜爱的活动中不知不觉领悟、掌握了数学知识，事半功倍。信息技术的快速发展，让这一切都变成了可能，以“人”为本，课堂更有活力。

在教育云环境下，如果我们的数学课堂都能实现“以学定教，顺学而导”，“先学后教，导放结合”“少教多学，互动交流”，那么我们就能实现教师轻松教、学生快乐学，我们的课堂会更大气、更灵动、更人本、更有活力。教育有云，课堂会更精彩！

发展思维品质，促进独立思考

——“A Clean-up Day”绘本阅读云课堂教学案例

罗玉冰[①]

一 教学背景

2017 年 6 月，笔者有幸在九龙坡区小学英语信息技术能力提升培训中执教了一堂小学四年级英语绘本阅读的公开研讨课。在备课之前，笔者思考了三个问题：什么是云课堂？为什么要上云课堂？怎么上云课堂？

教育部在《基础教育课程改革纲要（试行）》中提出：“大力推进信息技术在教学过程中的普遍应用，促进信息技术与学科课程的整合，逐步实现教学内容的呈现方式、学生的学习方式、教师的教学方式和师生互动方式的变革，充分发挥信息技术的优势，为学生的学习和发展提供丰富多彩的教育环境和有力的学习工具。”

从解释来看，云课堂的课堂教学形式应该是高效便捷、能够进行实时互动的。从本质来看，云课堂是信息技术与学科课程整合的一种方式。它不是单纯地利用信息技术或互联网技术辅助教学，而是利用信息技术来营造一种新型的教学环境，一种既能发挥教师主导作用，又能充分体现学生主体地位的以“自主、探究、合作”为特征的教与学方式，可以促进学生核心素养的发展。

笔者在教学中以“PWP”阅读模式为基础，利用云课堂的优势整合资源，尝试通过新型教学环境改变传统教学结构，在英语绘本阅读课中发展学生的自主探究能力与学习能力。

① 重庆市华润谢家湾小学校

图1 云课堂学生学习情景

二 教学目标

（一）语言能力目标

1. 能听、说、认读短语“clean-up” “sweep the floor” “put .... in the box” 。

2. 能借助图片理解故事，并根据思维导图复述故事。

3. 能理解并联系实际生活运用句子“I clean up the ______. ” “I can ___________.” “I put my old ______ in boxes.” 进行写作。

（二）学习能力目标

1. 学会绘本阅读的策略。

2. 运用多媒体引导学生自学绘本。

（三）思维品质目标

1. 通过读图获取故事线索。

2. 模仿绘本内容进行写作。

（四）文化品格目标

通过“Yard Sale”微课学习，让学生了解西方文化中的生活方式、价值取向，并与学生生活中熟悉的“Flea Market”做对比，了解中西文化差异，增进国际理解。

三 教材分析

本节课的内容是《培生幼儿英语》系列绘本中的一册，以家庭生活中的大扫除为主题。绘本中真实地反映了美国家庭的居住环境、服饰以及极具外国特色的“yard sale”，为学生的语言运用提供了良好的语境。

四 教学重难点

能借助图片理解故事，并能根据思维导图复述故事；模仿绘本内容进行写作。

五 教学方法

直观教学法、任务教学法、情景教学法、交际法、多媒体辅助教学法、游戏教学法。

六 教学过程

（一）Pre-reading

传统教学：

本课的读前活动是关于绘本故事封面信息的解读。由于封面的标题、作者、插画师，以及封底的价格等信息量大、语言点难度高，为了节约课堂时间，在传统教学中往往一笔带过。

云课堂：

在云课堂中，笔者先将封面、封底传到每一位学生的平板电脑上，让学生自己去观察。

师：What is important on the cover and back? Read and think.

图 2 绘本封面

图 3 绘本封底

学生在自己的平板电脑上进行观察，通过放大、缩小来读图，思考教师的问题并利用工具进行实时勾画，完成之后轻轻一点，即可将自己的答案传给教师。

教师通过终端了解学生活动的进度，并随机抽选几位同学的答案进行解读。

师：Why do you think the author is important？（观察到大部分学生都勾选了作者。）

生: I can buy more books.（学生解释他们可以通过搜索作者购买他更多的作品。）

（二）While-reading

传统课堂：

绘本的阅读是本课的重点内容。在传统教学中，教师一般会打印出绘本故事，一人或者两人一本进行阅读。教学中教师根据教学内容让学生在自读前后进行听音与跟读的练习。

与电子图片的色彩斑斓不同，传统的绘本故事往往采用黑白打印，侧重文本内容的理解阅读。

云课堂：

师：Watch the pictures and find the answer.

师：Can you find Amy？ Where is Amy？

笔者先将绘本故事编辑成PPT。在第一遍泛读中，学生根据指示打开了绘本故事1（提前经过处理，没有文字），学生需要通过读图快速找到答案。

师：Listen, follow to read, and find the answer.

师：What does Lily clean-up？ How many people do the clean-up？

在第二遍精读的时候，学生根据指示打开绘本故事2，完整的绘本故事附带语音嵌入，学生戴上耳机，通过手指左右滑动的方式进行阅读，并点击文段进行听音与跟读，在文中寻找问题的答案。

图4 学生认真听音

（三）Retelling story

传统课堂：

复述故事作为读后活动之一，能有效地获得阅读反馈，促进学生的思维发展，提高其语言组织能力。本课由于复述故事中涉及重难点句型，根据教学设计，教师在复述故事之前进行了重难点突破。

在传统教学中，重难点的突破常利用旧知带新知，结合学生熟悉的情景运用，或通过有趣的小游戏来练习。

云课堂：

教学中，笔者先用“Lily cleans up her room, and ____________________?”

生：“Lily puts her old clothes and old toys in boxes.”

通过这样的回答引出需要突破的句型“I put sth. in the box.”。

学生打开整理房间的游戏 App，根据游戏任务的规则两人一组合作。在游戏过程中，学生需要一边整理自己的房间，一边用句型“I put sth. in the box.”来向小伙伴进行描述。

通过游戏提高学生的兴趣，让学生在游戏中突破难点句型，之后再通过思维导图进行故事的复述，水到渠成。

图 5 绘本插图

图 6 课堂情景

七 教学反思

（一）信息技术与英语课程整合的优点

1. 实时反馈，交流互动更加频繁快捷

不论是让学生在封面圈信息的读前活动，还是阅读过程中学生边听边读的自主学习活动，与传统教师巡视观察获得学生学习情况相比，云课堂更好地实现了每位学生的实时学习情况反馈，大大提高了课堂活动的效率。在活动完成后，学生可以快速地将自己的作品上传，比起传统的举手上台展示，云课堂中的信息交流更快，效率更高。教师能快速地获取学生的信息，其他学生也能通过云课堂的作品展示给予简单的评价。课堂的交流从师生模式转向生生模式，学生能获取更多的同伴反馈与评价，促进合作探究学习。

2. 教学资源促进学习方式的改变

从传统课堂教师利用教科书、教参传授知识到云课堂上学生主动利用多元化的知识载体，如音频、图片、文字、视频进行学习，一些在传统课堂上难以实现的教学设计在云课堂中变得简单易操作。以绘本故事阅读为例，绘本阅读普遍存在的一个问题是“只关注绘本中的语言文字，对图的细节关注不够”。事实上，一本优秀的绘本，图和文字是通过互相映衬、互相补充来传递作者的思想和意图的。学生对绘本中语言意义的理解是通过读图来实现的。

以图促学的绘本阅读对图片质量做出了要求。传统教学在满足“听—读—写”要求的同时很难兼顾读图要求。云课堂实现了图片的精细化与有声化，色彩丰富的图画配上可以无限次播放的音频，不仅满足了学生读图的要求，也为基础较差的学生创造了可以多次听读的条件。

3. 发展学习能力，培养环保意识

云课堂模式下的学生需要根据课堂任务进行独立或小组合作，共同完成任务。在学习过程中，学生需要自己把握学习进度，与伙伴交流解决问题。云课堂的资源不仅仅局限于课堂上，学生可以在任何时候、任何地点获取教学资源，模糊了课上、课后的界限，有利于培养学生独立学习的能力。

在传统教学中存在大量文本打印的需求，大量纸张在课后被丢弃，造成资源浪费。云课堂资源丰富，更重要的是云知识自由环保，能很好地促进学生可持续发展意识的培养。

（二）课堂教学中的不足与感悟

在教学过程中，笔者也发现了一些问题，由此引发了一些思考。

1. 云课堂的优势没有完全展现

云课堂是在教育云和教育大数据背景下，利用云理念和云技术打造的一种在线开放课堂。课堂中很多地方可以设计让学生利用网络进行实时学习，比如当学生指出封面的作者信息很重要时，或在结束时学生对绘本表示喜欢时，教师可以引导学生通过搜索获取作者更多的信息，包括作者本人简介和相关作品链接等。

2. 对师生云技术要求较高

云课堂进入校园的时间并不长，对师生来说比较陌生。这要求教师首先需要提升自己的信息技术能力，多看多思，转变理念，将云课堂融入常规教学中。对于学生来说，这要求学生熟练掌握信息技术能力，学会运用技术。

3. 课内课外资源自由化的优势没有展现

云课堂是利用云计算实现高效访问、便捷操作、实时互动，开展线上、线下教学活动的课堂教学形式。课堂设计中应该利用课外资源，丰富课程，提高学生的学习效率，开阔学生的眼界，如教学中关于绘本阅读策略的渗透，学生可以通过云课堂在网上与绘本阅读大师“连线”，通过多元化的教学资源进行学习。

云课堂作为信息技术整合学科的一个重要内容，越来越普遍地运用在教师的课堂上。作为肩负培养祖国教育未来的教师，应该用发展的眼光看问题，努力提升自身的信息技术能力，在使用中解决问题，真正地通过信息技术促进教学，培养学生的学科核心素养。

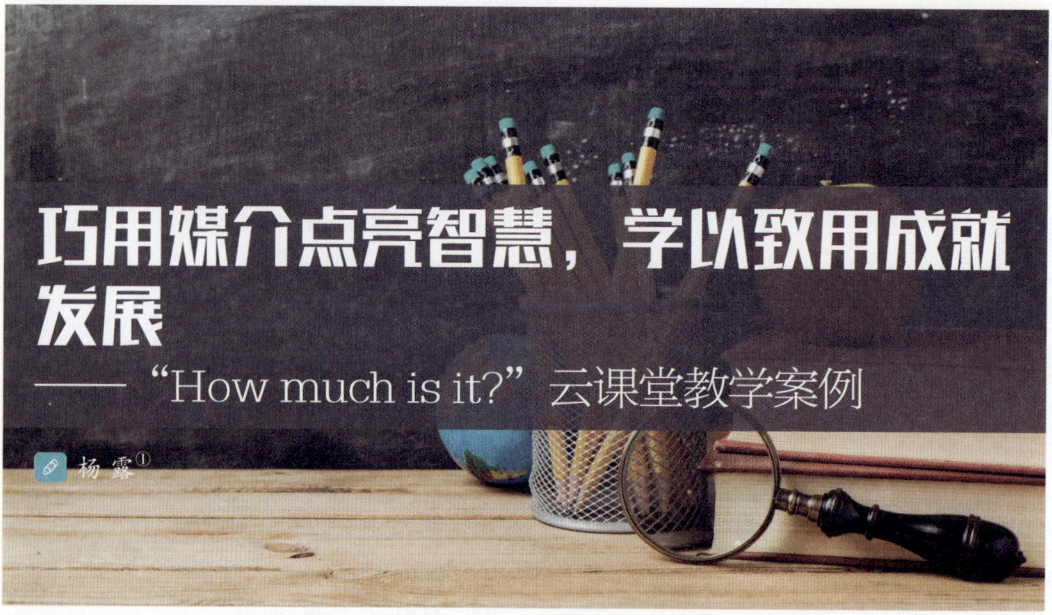

巧用媒介点亮智慧，学以致用成就发展

——"How much is it?"云课堂教学案例

杨 露[1]

一 教学背景

（一）课时

1 课时。

（二）教学准备

平板电脑、飞控助手、电子书包、“有道”词典、卡片、PPT、实物教具。

二 教学目标

（一）知识目标

掌握 flower，help, buy, dumpling 等词汇；能运用“How much is it？”询问价格，用“It's ... *yuan*.”回答价格。

（二）技能目标

运用“How much is it？”“It's ... *yuan*.”购物。

① 重庆市巴南区巴渝小学校

（三）学习策略

学会借助网络词典查找单词；在小组活动中锻炼交际能力。

（四）情感态度

通过班级跳蚤市场和课堂“闲鱼”，体验闲置物品交易，培养学生节约资源、物尽其用的意识。

三 教材分析

（一）本单元内容分析

本单元主要话题是购物，在真实的购物情景中理解并学会灵活运用询问和回答价格的句式：“How much is it?” “It’s ... *yuan*.”

（二）本单元与前后内容的联系

本模块一单元涉及想要某物的问答：“Do you want some...?” “Yes, please.” “No, thank you.”在教学中要注意知识的正迁移，整合已学知识，丰富购物时的语言。

本单元对价格的询问和回答也是五年级上册二模块进一步学习购物话题的基础。

四 教学重难点

1. 教学重点：能运用“How much is it”询问价格，能运用“It’s ... *yuan*.”回答。
2. 教学难点：学生能灵活使用目标语言进行交际。

五 教学方法

Task-based teaching；Situational teaching；Cooperative learning。

六 教学过程

（一）Warming up

师生互致问候；唱数字拍手歌，复习1~10的数词。

【设计意图：活跃气氛，复习 1~10 的数词】

（二）Learning guide

1. 正音

在互动课堂中展示优秀发音和典型的发音错误（help，flower）；学生跟读优秀发音；纠正典型发音错误。

2. 强化词汇

重点讲解系统提示的错误率较高的词汇，强化薄弱词汇。

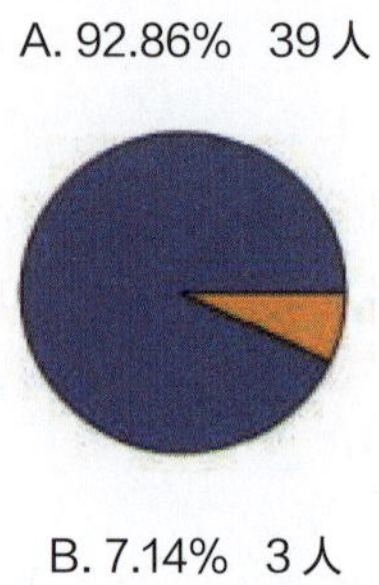

图 1 单词学习错误率统计

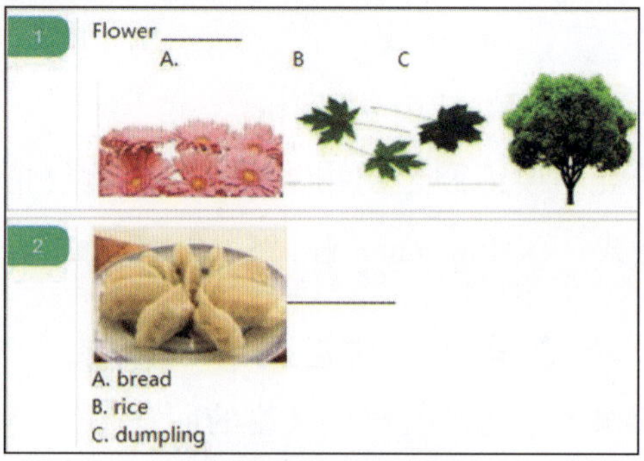

图 2 重点单词练习

【设计意图：利用电子书包，课前向学生推送微课，将单词的学习前置，提高课堂效率。通过学案作业中的典型错误，教师提前掌握学生在词汇发音和理解中存在的问题，便于在课堂中重点强化。】

（三）Lead in

1. PPT 出示花朵图片

师：How many are they?

生：Eleven，twelve.（复习感知词组“How many”。）

2. 引出课题

定格为一朵花，询问“How much is it?”（板书课题。）

【设计意图：复习“eleven”“twelve”，复习“How many”的用法，引导学生与新知“How much”建立区别和联系，自然地引出并板书课题。】

（四）New lesson

1. Part 1

（1）向学生推送 Part 1 动画视频，学生跟读。

（2）追问花的价格“How much is it?”，学生找出花的价格“The flower is ten *yuan.*”（板书：“It's ten *yuan.*”。）

【设计意图：学生在平板电脑上自主选择听的次数，满足不同层次学生的需要。通过追问“How much is it？”引出“It's ten *yuan.*”。】

2. Drills

出示相关图片，全班分组练习目标句型。“Do you want ...?”“How much is it?”“It's ... *yuan.*”

【设计意图：巩固句型，纠正发音。通过不同的图片，创造语境，为后面的价格竞猜游戏做铺垫。】

3. 播放动画

提问“What foods are mentioned?”，学生观看动画，找出提到的食物。（rice，meat，noodles，fish，milk。）

图3 找食物

4. Listening

向学生的平板电脑推送动画，学生独立听材料，将食物名称和价格进行匹配。

图4 连一连

【设计意图：动画材料内容为谈论食物价格，紧扣目标句式。听力练习加大了目标句式的输入量。有助于培养学生的信息提取能力。】

5. Game——价格竞猜

请同学们猜物品价格，若猜中，向其他同学提问下一件物品的价格；若未猜中，继续就此物品询问其他同学……猜中的同学可以获得“表达之星”称号。学生运用“How much is it？”向其他同学提问，其他同学运用“It's ... *yuan*.”猜价格。

【设计意图：竞猜游戏妙趣横生，能极大地调动学生参与的积极性。进一步加深他们对句型用法的理解，将所学句型“How much is it？”进行练习运用。】

6. Text learning

（1）向学生推送课文视频和相应练习。

学生自听跟读课文，在平板电脑上回答三个问题并提交：

A. What is Mum doing?

B. What do they want to buy?

C. How much is it?

图 5　回答问题

（2）根据平台统计，讲解难点。

【设计意图：自听跟读的方式，有利于学生根据自身实际情况反复听困难的部分。平台自动统计正确率，及时了解学生的文本理解情况，掌握并突破难点。】

（五）Extension activity

1. 推销达人

（1）仿照示例，在小组内推销自己的物品，不会的单词通过“有道”词典查询。

（2）在全班推销物品，同学询价购买。

（3）在平板电脑上投票，选出两名推销达人。

A: This is my flower. It's pink. It's beautiful. Do you want it?

B: How much is it?

A: It's eight *yuan*.

B: OK，I want it, please.

A: Thank you!

图 6　学生推销物品对话

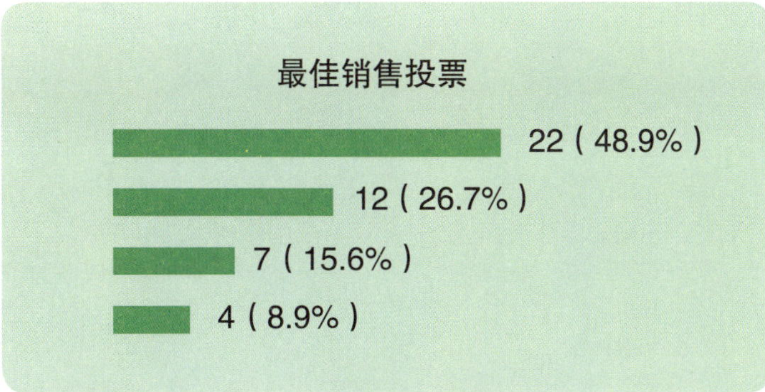

图 7　投票推选销售达人

【设计意图：创设情景，促使学生创造性地运用语言。通过使用“有道”词典查找单词，培养学生利用工具进行自主学习的能力。小组交流，提升学生的交际策略。】

2．课堂“闲鱼”

推送“互动讨论”至学生的平板电脑，让学生上传想要交易物品的图片，在班内展销闲置物品。对感兴趣的物品运用“How much is it?”询价，物品主人运用“It’s ... *yuan*.”回复价格。

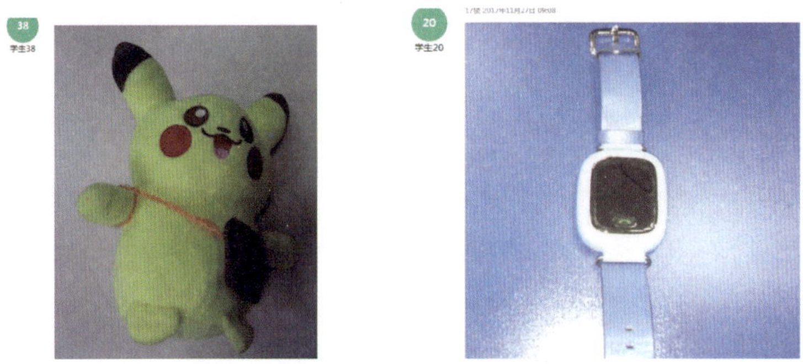

图 8　部分学生推销物品展示

【设计意图：巧妙搭建交易平台，互动讨论，全员参与，学以致用，大胆运用。通过留言回复的形式，锻炼学生的写作能力。】

（六）Homework

（1）准确流畅地朗读课文；（2）继续在课堂“闲鱼”评论回复，完成更多交易。

附：板书设计

Module 4 Unit 2 How much is it ?

flower	It's ten *yuan*.
dumpling	
	I want it, please.
buy	
	Thank you !
help	

七 教学反思

1. 巧用微课、学案，提高课堂效率

本课的教学设计中，通过自制微课，让学生课前自学单词；运用学案，提前检测学生生词的学习情况；课上及时纠错正音，从而有效提高课堂效率。

2. 活用平板，兼顾听说读写

（1）根据本课实际，在平台上制作动画，练习听力，增大目标语言输入量，为后面的语言输出做准备。

（2）利用平板电脑上的“有道”词典查询生词，丰富“推销达人”活动中“说”的内容和语言。

（3）将视听材料推送到学生的平板电脑上，学生跟读，按需重复跟读难点部分，照顾不同层次的学生。

（4）在“互动讨论”栏目中创设课堂“闲鱼”，在评论回复中，落实目标语言的书写。

在教学中充分开发利用平板资源，以微课、学案等形式将部分学习前置，有利于提高课堂效率。同时，对于英语这一语言学科而言，平板电脑的应用极大地丰富了听说读写的形式，有助于提升学生的整体语言素养。

合理运用现代信息技术，提升学生音乐素养
——“东方神韵——弹拨乐器”云课堂教学案例

邱琳[①]

一 教学背景

从学生的实际情况看，六年级学生对现代信息技术非常感兴趣，而现在运用互联网信息技术进行教学已是潮流所趋。所以，我想以互联网信息技术为手段，激发学生学习音乐的兴趣，通过各种有效的途径和方式引导学生走进音乐，培养其音乐审美。

二 教学目标

（一）情感态度价值观

通过小组合作学习了解民族弹拨乐器，增强民族自豪感。

（二）过程与方法

在欣赏的过程中以现代信息技术为手段去分析研究，通过体验与感受提高学生的音乐分析能力。

① 重庆市九龙坡区共和小学校

（三）知识与技能

通过平板电脑欣赏乐器演奏片段，分辨民族弹拨乐器的外形、演奏方式及音色特点。

（四）心育目标

通过音乐呼吸法减轻紧张情绪；通过音乐欣赏获得积极愉悦的情感体验，在小组合作探究性学习中互相分享和关怀，从而获得积极的心理品质。

三 教材分析

本节课的教学内容是人音版小学音乐六年级下册民族乐器分类之弹拨乐器。主要是通过欣赏乐器演奏片段，引导学生分辨民族弹拨乐器的形状、演奏方式及音色特点。

四 教学重难点

1. 教学重点：在音乐欣赏的过程中去感受、去体验，通过探究学习提高学生的音乐分析能力。

2. 教学难点：分辨民族弹拨乐器的外形、演奏方式及音色特点。

五 教学方法

在欣赏的过程中，以现代信息技术为手段去分析研究，通过体验与感受提高学生的音乐分析能力。通过平板电脑欣赏乐器演奏片段，从而分辨民族弹拨乐器的外形、演奏方式及音色特点。

六 教学过程

（一）用呼吸法心理减压

减轻学生紧张的情绪，让学生能更好地投入学习活动中。

1. 深深吸气，慢慢吐出。

2. 在教师的引导下做 2~3 次。

3. 请听课的教师一起体验 1 次。

（二）欣赏古琴片段，引入弹拨乐器

以审美为核心，师生共同体验弹拨乐器的美，引入弹拨乐器。

1. 欣赏古琴片段《流水》。

2. 根据性能的不同，为刚欣赏的乐器分类。（弹拨乐器。）

（三）运用信息技术合作研究学习，了解弹拨乐器

1. 每个小组选择一种弹拨乐器，分小组进行研究分析。

2. PPT 出示学习步骤。

一听（乐器声音）：用平板电脑上的“暴风影音”欣赏该乐器视频。

【信息技术应用意图、思路及技术使用情况：本节课要学习 8 种弹拨乐器，如果用传统的教学方式，全班连续欣赏 8 个演奏片段，大概用时 20 分钟，这样非常浪费时间且效率不高。所以，我把学生分成 8 个小组，每个小组分别用平板电脑上的“暴风影音”欣赏一种弹拨乐器，大概用时 3 分钟，这样节省了课堂时间，大大增加了课堂的实效性。】

图 1　UMU 平台问卷调查表（部分）

二看（乐器外形）：阅读教材第 13 页。

三想（感受音乐形象）。

四写（完成调查表）：扫描二维码，进入 UMU 平台，完成问卷调查。

【信息技术应用意图、思路及技术使用情况：学生在小组内分析了解民族乐器的外形、演奏方式、音色特点、音乐形象等，再通过扫描二维码，进入平台，利用 UMU 平台上问卷调查的功能，对学生的学习情况进行统计汇总，大大提高了课堂效率。】

（四）分享交流学习成果

强调音乐实践，通过体验与感受提高音乐分析能力。

1. 各小组选派一人上台进入 UMU 平台查看提交的文件，并交流小组学习成果。

【信息技术应用意图、思路及技术使用情况：利用 UMU 平台上的问卷统计功能，能让全班学生清晰地看到各小组分析乐器的情况，学生能迅速掌握其他小组分享的知识点。】

2. 集体欣赏该乐器片段，各小组分享学习成果。

3. 其他学生可提问、质疑或补充。

（五）运用信息技术激趣，用相关音乐软件拓展学习

1. 教师示范用“古筝”App 演奏《沧海一声笑》。

2. 学生唱谱。

【信息技术应用意图、思路及技术使用情况：在学完弹拨乐器后，如果按照传统教学方式要让学生马上弹一弹这种乐器几乎是不可能实现的。然而，现代信息技术让接触乐器变得非常便利，用平板电脑上的“古筝”App 就可以做到。教师用平板电脑上的“古筝”App 演奏，学生的兴趣一下被调动起来。他们一边利用平板电脑弹弹古筝感受弹拨乐器，一边体会信息技术让学习音乐变得更便利。我们的教学不再是纸上谈兵，学生在课堂上就能马上体验弹奏乐器的乐趣，并且巩固在课堂上学到的知识。】

3. 学生用平板电脑玩“古筝”App。

4. 交流用平板电脑玩古筝这种乐器的感受。

（六）提炼五声调式，增强民族自豪感

1. 思考弹奏时只出现了哪些音。（do re mi sol la）

2. 由五声调式体验民族乐器的魅力，增强学生的民族自豪感。

七 教学反思

（一）节省时间，提高课堂效率

本节课要学习 8 种弹拨乐器，如果用传统的教学方式，全班连续欣赏 8 个演奏片段，大概需用 20 分钟，这样非常浪费时间且效率不高。而将学生分成 8 个小组，每个小组通过平板电脑上的“暴风影音”分别欣赏一种弹拨乐器，大概只需 3 分钟，这样既节省了课堂时间，又大大地提高了课堂的实效性。

（二）分析统计，迅速掌握知识点

学生们在小组内分析了解民族乐器的外形、演奏方式、音色特点、音乐形象等，再通过扫描二维码，进入 UMU 平台，利用平台上问卷调查的功能，对学生的学习情况进行统计汇总，大大提高了课堂效率。并且利用平台上的问卷统计功能，让全班学生清晰地看到各组分析乐器的情况，迅速掌握其他小组分享的知识点。

图 2 学生在 UMU 平台上填写问卷

（三）“实战演练”，体验弹奏乐器的乐趣

在学完了弹拨乐器后，如果按照传统教学方式要让学生马上弹一弹这种乐器几乎是不可能实现的。然而，现代信息技术让接触乐器变得非常便利，利用平板电脑上的“古筝”App 就可以做到。

教师用平板电脑上的“古筝”App 演奏，学生的兴趣一下被调动起来。学生一边利用 App 弹古筝感受弹拨乐器，一边体会信息技术让学习音乐变得更便利。这样的体验让教学不再是纸上谈兵，学生可以在课堂上马上体验弹奏乐器，并且巩固学到的知识。

（四）优化大师，提高学生学习积极性

在本课教学中，我充分运用了班级优化大师的评价功能，并运用手机进行班级优化大师加分，学生在回答正确后会自己用教师的手机进行加分。这样，不仅提高了六年级学生回答问题的积极性，而且提高了班级优化大师的使用效率。

图 3 使用“班级优化大师”为学生加分

本课教学的教学设想、教师语言、课堂结构、教学设计都能深深地吸引学生，让学生自觉、主动地参与学习。

在小组合作学习的过程中，组员互相分享和关怀，可以获得积极的心理品质。这样的课堂强调音乐实践，通过体验与感受可以提高学生的音乐分析能力。通过小组探究性学习，学生不仅了解了民族乐器的外形、演奏方式、音色特点、音乐形象等，而且平板电脑、UMU 互动平台等现代信息技术手段的使用还提高了课堂效率。

在备课、上课、议课的过程中，我也深深地感受到互联网技术的快速发展带动了教育事业的全面发展，现代信息技术为教育提供了更广泛的途径。这些新的思潮和新的模式，让学生的学习思维不再受课本、课堂的束缚，将基于互联网的现代信

息技术应用于教学实践，开展以学生为主的开放式的教学，意在给学生提供更加自主的学习氛围，让学习变得更加丰富多彩，也更加有趣和高效。

在今后的教学中，我将更加深化利用信息技术优化课堂教学的意识，树立终身学习的态度，利用各种途径获取教育资源，提高自身的信息技术水平，促进自身专业成长，不断提升教育教学的能力，为更好地实现现代化课堂而努力。

传统文化，网络课堂，换一种学习方法

——“体验‘非遗’”云课堂教学案例

简兴领[1]

一 教学背景

（一）课时

1 课时。

（二）教学准备

教师：多媒体网络教室，教学 PPT，无线 Wi-fi，学生资源包（“微课”资源等）。

学生：较熟练掌握常用的信息技术方法和技巧，多媒体信息的加工处理、网络搜索、资源下载。

二 教学目标

1. 进一步了解和掌握不同信息技术手段和方法，体验“非遗”的独特魅力。

2. 学会根据实际需要选择有效的信息技术工具获取信息、与人沟通交流，逐渐形成运用信息技术解决实际问题的意识和能力。

3. 通过体验，培养学生热爱“非遗”、热爱传统文化的民族情怀。

① 重庆市南岸区南坪实验小学校（康德校区）

三 教材分析

本单元教材内容的设计和安排主要突出以信息技术，尤其是以互联网为手段和方法，以“非遗”主题为学习载体，引导学生开展探究性学习、合作学习，进而掌握借助信息技术工具帮助学习的新途径和新方法，从而培养学生运用信息技术解决实际问题的意识和能力，养成通过网络学习新知的信息技术素养。本课内容是在学生认识“非遗”、了解“非遗”之后，进一步运用信息技术和研究性学习的方法去亲身体验“非遗”，培养学生热爱“非遗”、热爱传统文化的民族情怀，从而为今后宣传“非遗”和传承“非遗”的探究和学习做好铺垫。

四 教学重难点

以《川江号子》为载体，通过网络和网易云课堂等网络学习工具去体验“非遗”，引导学生根据实际需要选择有效的信息技术工具获取信息和交流信息。

五 教学方法

采用情景式任务教学，让学生在活动体验中学习。

六 教学过程

（一）激趣引入

播放《川江号子》视频，感染学生跟唱，体验。《川江号子》是首批国家级非物质文化遗产，历史悠久，独具特色。重庆两江汇聚，在以前，因江上的船没有足够的动力，需要船工们在岸上拉船逆流前行。为了统一动作，就用口号的形式。这和我们在拔河时喊的口号相似。

（二）探究新知

1. 远程学习

今后，我们学习的方式会有很大的改变，不再局限于课堂教学，而是会有更为方便、快捷的学习方式，今天我们就来一起体验一下。

（1）问题：同学们知道网上有哪些关于“非遗”的课程可供我们学习吗？怎样找到这些课程？（学生相互交流。）

（2）指导：提出思路，引导学生思考解决问题的方法。

（3）个别操作演示或引导学生观看相关操作微课。（百度搜索微视频。）

（4）与学生一起通过网易云课堂学习《川江号子》音乐课，了解和体验劳动号子的特点。（网易云课堂微视频。）

（5）同学们以后有想了解和学习的知识，都可以足不出户通过网络公开课、云课堂、在线网校、网络电视等进行学习，不受时间和空间的限制。

2. 分组体验式学习

（1）分组，明确任务。

搜索小组：运用以前学过的网络搜索信息的方法搜索《川江号子》传承人或民俗专家的信息，并进行保存；取得联系方式并尝试与其进行联系交流；全班分享。（《川江号子》——曹光裕。）

制作小组：在线试听《川江号子》音乐或视频进行学唱，利用录音软件（Cool Edit）录制个人或小组版音频。（录音操作视频。）

交流小组：借助电子邮件或现场视频连线，与传承人或音乐老师等进行有关《川江号子》的交流。

（2）引导和帮助学生发现解决问题的思路和方法。

（3）巡视各小组的信息分享和方法展示。

（三）拓展新知

1. 你还知道哪些运用信息技术进行远程学习的方式？它们各有哪些优势？

2. 还可能通过哪些方式与他人交流对“非遗”的体验？（组织指导学生探究交流。）

（四）归纳总结，布置作业

1. 你会唱《川江号子》了吗？查询到《川江号子》传承人的信息了吗？

2. 未来的学习，你更喜欢哪种方法？为什么？

七 教学反思

传统文化需要我们培养新一代接班人传承，现代信息技术赋予了传统文化新的生命。当今是互联网的时代，我们应该通过信息技术课培养学生运用互联网知识学习、探索未知的知识。然后，将信息技术与传统文化相结合，培养学生对中国传统文化的热爱，让学生为伟大的祖国感到骄傲与自豪。但网络是一把双刃剑，信息技术课须引导学生树立正确的互联网认知，探寻无限的互联网世界。

如何挑选安全零食

——《食品卫生与安全》云课堂教学案例

贺菡[1]

一 教学背景

（一）课时

1 课时。

（二）教学准备

教师：安装有网页搜索引擎的平板电脑，设计在线测试云题库，联系好现场连线食品专家。

学生：学生代表录制超市采访视频。

二 教学目标

1. 掌握正确选购安全食品的方法，明确购买小包装食品的要领。
2. 把学到的购买小包装食品的方法运用到生活实践中去。

---

① 重庆市南岸区南坪实验金科小学校

三 教材分析

《食品卫生与安全》是重大版《健康与教育》三年级第四课的内容。包括:“引入”,让学生知道食物是我们维系生命活动的基础，食物不卫生、不安全会影响我们的健康和生命；“健康指南针”，这部分是本课的重要部分，包含怎样选择散装食品和怎样选购小包装食品两方面的重要内容；“健康面面观”，让学生讨论怎样购买安全的食品；“健康加油站”，让学生认识食品安全标志；“健康碰碰车”，引导学生将所学知识从书面了解牵引到实际运用，通过在真实情景中的思考掌握正确的做法。

本课时节选自“健康指南针”和“健康面面观”，借助云课堂技术，引导学生了解、运用选购安全食品的知识。

四 教学重难点

1. 教学重点：学会通过关注安全食品的主要信息，挑选安全零食。
2. 教学难点：利用网络搜索引擎，从信息源中自主筛选有用信息。

五 教学方法

交互式教学以云课堂为依托，实时采集学生思考内容纳入数据库，并通过云系统进行实时计算。使得学生在学习活动中更加了解自身各阶段的知识掌握状况，从而选择适合自身的学习方式进行探究式自主学习。

（一）超市采访现场直播导入，激活思维

以小记者在超市采访顾客的情景导入，将学生带进身边实实在在的情景，为本课的顺利进行开了好头。

（二）形式多样，以学生为主体

教师在本节课中采用了多种形式，如小调查、小组讨论、网络连线食品安全专家等。沉浸式的教学结合符合情景的师生合作学习方法，不仅让喜欢动脑的学生学习兴趣高涨，也能让基础稍差的学生尽其所能地参与活动。书本上看似遥远的知识，通过互联网“云端”与学生所熟悉的社会场景结合，促使有过相关经历的学生愿意

分享和讨论。

（三）图文并茂，引导判断

实物图片、场景还原图片、专家视频连线刺激学生从多个立场尽量思考、判断。同时将自己的想法与同伴进行交流，综合多方信息得出结论后，再在教师创设的情景中实践求证。

六 教学过程

（一）情景导入

师：小朋友们好，今天我们的小记者团去超市采访，一起来看看他们发回的现场报道。（屏幕切换到超市采访直播画面。）

小记者：这位同学，看你在薯片货架前徘徊很久了，你很喜欢吃薯片吧？

被采访者：是的，可是这么多薯片，我该选哪种？

师：同学们，你们说该怎么选。（同步板书：怎么挑选……）

（师随机指定 3~5 名学生回答，教师评价引导。）

师小结：同学们太能干了，在帮助屏幕里的顾客挑选薯片时，关注到了安全、健康、美味。（竖向板书。）

【设计意图：用实实在在的直播画面将学生引入生活场景，让学生能身临其境地思考学习。】

（二）探究问题

1. 查找资料，“云空间”搜索

师：而这其中，安全是最重要的。请你运用手中的平板电脑查一查，怎么确定选购的食品是否安全。

学生通过平板电脑搜索引擎找寻答案并讨论，同时以思维导图的形式进行记录。

图 1 课堂情景

【设计意图：利用网络搜索引擎，学生小组合作，从网络资源库中探寻答案，教师仅在学生碰到技术问题时提供支持。从信息源中自主筛选有用信息，这有利于培养学生的可持续发展能力。学生在这样高度自由的学习模式中习得的学习技能是令其终生难忘的。】

师：安全是最重要的，刚才同学们提到了生产厂家、食品日期，但安全可不止看生产日期和保质期这么简单，我们还要看包装袋上的那些安全信息。

2. 连线专家“云视频”授课

（1）联系生活实际思考。

师：刚才有同学提到了QS认证标志（PPT出示标志）。看，这就是QS标志，外圈是字母Q，里面是字母S。大家在哪里见过呢?

（2）运用网络自学并交流。

师：它到底是什么?用你手中的平板电脑查一查吧。

（3）视频连线营养师（学生家长刘利女士），了解QS标志的准确含义。

图2 国家高级公共营养师——刘利

【设计意图：运用云课堂与专业人士互动能够很好地弥补课本知识的不足，并让学生接收到教材所涉及的专业知识，同时实现学校与社会之间的对话和沟通。】

过渡：它是质量标准的缩写，有它出现就代表食品完全安全。看！这么多地方都出现了它。（出示相关图片。）

3. 在线做题，“云题库”检测

师：说了这么多，到底食品是否安全，还得试一试。请同学们打开平板电脑里的测试题。

【设计意图：通过这样的方式测试学生的知识掌

图3 学生在做测试题

握程度，学生兴趣浓厚，教师也能及时得到教学反馈。通过智能深度分析，可以帮助教师判断下一步如何完善教学手段。】

（三）小结

师生共同总结挑选安全食品需要关注的信息：生产地、生产日期和保质期，包装袋是否破损，QS 认证标志。

七 教学反思

本堂课的教学利用了云课堂技术手段作支架，兼用形式多样的教学方法，把读书、思考、探究的时间尽可能多地还给学生。教师没有“设置陷阱引学生入套”，而是逐步搭设解决问题的支架，学生自己选择喜欢的途径自主探究学习。同时，本堂课通过互联网建立了书本和社会之间的联系，用“云”实现了对身边教学资源的开发和利用。

这是一次互联网云资源在小学课堂中的粗浅尝试，“摸着石头过河”，还有很多问题等着我们进一步探索。譬如学生根据问题提取关键信息，进行搜索、探寻答案的能力还不够，这就告诉我们在日常教学中要引导学生多总结、多思考并培养他们自主查找资料的习惯。

通过师生共同运用云课堂生态信息系统，教师减弱对知识性能力的讲解，同时增加技能性能力的传授，学生自主学习能力逐步得到提升，这将是我们在云课堂教育运用上需要进一步思考的问题。

“云”中谁寄锦书来

——《认识各种各样的汽车》云课堂教学案例

饶苡[①]

一　教学背景

“云”中谁寄锦书来——云时代已然来临。“互联网+”“云计算”“大数据”等概念早就为人所熟知，且其渗透于教育领域的步伐不断加快，影响愈加深刻。“云”让技术变革教育的理想有了落地生根的营养，也为教育“云课堂”的成形、发展提供了实践的可能性。

然而，面对铺天盖地的云概念、云技术，我们要如何甄别、取舍、拓展、应用？面对家长、社会的质疑问难，我们要如何使他们充满信任地让孩子在“云课堂”的环境中学习成长？一切答案都是未知的。在一路的跌跌撞撞、摸爬滚打中，我们回到哲思的原点，问自己：“云课堂”到底应该是什么模样？它从何而来？它又将去向何方（如何发展）？

重庆市渝中区鹅岭小学校以“自信教育”为育人特色、底色，自 2014 年以来，学校先后申报“云课堂对学生阅读能力的影响研究”等课题，把小蚂蚁慧学平台、慕课、3D 打印等新技术引入校园，带进教室，积极打造“互联网+智慧”拓展云课堂，使传统教育教学焕发出技术意蕴的独特生命力。

① 重庆市渝中区鹅岭小学校

二 教学目标

1. 通过搜集、统计、分析数据，了解汽车标识形成的缘由和含义。
2. 对汽车标识进行科学分类。
3. 小组合作学习设计车标，并能介绍设计的意图以及车标的含义。

三 教材分析

《认识各种各样的汽车》是重大版《综合实践活动》五年级上册的内容。本节课是主题活动四“汽车的设计与制作”中的一课。教材内容是让学生通过搜集、整理资料，了解汽车标志的特点与含义，通过分类发现汽车标志的特点，学习汽车标志设计的基本方法，并尝试动手设计，为之后自己设计汽车做好铺垫，引导学生学会合作、善于观察、敢于创新和动手实践。本内容教学时间为 1 课时。

四 教学重难点

了解车标形成的缘由和含义；小组合作学习设计车标，并能介绍设计的意图以及车标的含义。

五 教学方法

“云课堂”是基于云计算技术的一种高效、便捷、实时互动的远程教学课堂形式。使用者只需要通过互联网界面进行简单的操作，便可快速、高效地与全球各地的学生、教师、家长等不同用户同步分享语音、视频及数据文件。就学校现阶段的“云课堂”应用来看，它既是教学教育资源库的云端存储器，也是信息化教学的技术手段，更是学生实现自由分享、合作创新、个性学习的互动平台。在传统的课堂教学中，对于这样的教学内容，通常我们采用的方法是制作车标道具，进行分类比较，让学生以最简单的图文结合的形式掌握知识点，教学中规中矩，没有特别吸引人之处。在学校的“互联网 + 智慧”拓展云课堂里，利用“云”为学生创设了一个随时、随地、随需学习的环境，让学生在虚拟空间里尝试成为一名未来汽车 4S 店的店长或店员，通过对标识的分类发现、了解其含义，认识各种各样的汽车，以此提升学生的合作、创新能力。

六 教学过程

（一）欢迎来到未来汽车 4S 店

开课之初，教师作为未来汽车 4S 店的“店长”，带领全班学生使用平板电脑第一次走进“店铺”，随意浏览店内汽车商品。此时的“店铺”是课前学生在家长和伙伴的支持下搜集资料，共同创建的一个云端“信息库”，店铺里展示着丰富的汽车和其对应标识的介绍、图片。

教师提问引入新课：我们靠什么来分辨汽车的品牌？

生：汽车标志。

师：对。

图 1　课堂情景

（二）店长培训开始啦

走进“店铺”，“店长”要对“店员”进行培训。在第一个教学环节，教师设计了“标志对对碰”的互动小游戏，即动手分类，看看有什么发现。传统课堂上，教师一般就是将实体的汽车标识模型放在学生桌前，让他们分组观察、记录、分类。但是模型毕竟有限，这就局限了学生的思维能力。在“云课堂”里，因为云技术的适时介入，学生可以一人一台平板电脑，在“店铺”里任意选择自己熟悉的汽车标志进行分类，教师从旁巡视，讲解分类原则。学生完成游戏后，云端自动计算分类情况，将以颜色分类的归为一组，以形状分类的归为一组……以此类推。教师根据数据分析，邀请学生展示，并提问：为什么这么分？最后发现共同特点：汽车标志都是应用一些简单的字母、线条等进行设计，图案既简洁又美观。

掌握了汽车标志的分类，“店长”的第二项培训又开始了：“这些简洁的图案表达了什么意思呢？你可以选择一个来猜想一下。”于是“店员们”继续漫步云端，在“信息库”里查阅资料，有视频的、文字的、图片的，小组合作，寻找答案。随后，在小组汇报上，大家各抒己见。查找书籍并勾画关键信息，了解一汽品牌；展示视频材料，叙述长城汽车的标志寓意；播放访谈内容，听听奔驰汽车的由来……云端所提供的信息量是传统课堂无法比拟的，就在这样丰富的课堂资源中，顺势而导，学生自然而然地总结出汽车标志的另一个共同特点：每个汽车标志都有自己的含义。

图 2 课堂情景

图 3 学生在线答题

（三）竞选一日“店长”

经过前两次关键的培训，“店员们”准备上岗了，他们要亲自动手设计一款汽车标志，竞选一日“店长”。在“云课堂”上，传统的纸上绘画被电子画板所替代，它能够让教师及时地掌握学生的完成度，并高效、真实地展现在屏幕上。设计发布会正式开始，展示的学生不时地在自己的作品上圈画解说，台下的听众则使用投票器点赞支持，汇报一结束，最终结果立马呈现。

图 4 学生在线设计

七 教学反思

“云课堂”不仅改变了学生传统的学习方式，让他们在互动中学得更活、记得更牢、做得更好，同时也促使教师不断地思考、改进自己的教学方法，更有针对性地完成教学目标。

学校的“互联网 + 智慧”拓展云课堂基于现代化云计算和大数据框架之上，以校内课堂电子化、教学活动云端化、主题学习项目化为特点，采用线上教育和线下教育相结合的方式，实现了学校、教师、学生和家长的互动融合，打破了传统教学中“老师讲、学生听、纸上做”的单项输出模式，促进了教学过程的高效沟通和教学资源的丰富共享。

创新云课堂，运用增实效

——《荷叶·母亲》云课堂教学案例

张兴玲①

一 教学背景

（一）课时

1 课时。

（二）教学准备

教师：根据教材要求和云课堂的功能特点制订与学情相契合的多媒体课件，梳理并熟悉授课的整个流程。

学生：准备好教材学具，打开有自己编号的平板电脑并初步了解使用方法。

二 教学目标

1. 了解冰心及其创作特点。

2. 自由朗读课文，从文题和重点词句入手感知文意，品味作者的思想感情，感受人间最美好的亲情，感恩母亲。

3. 关注借景抒情或托物言志的写作方法。

① 重庆大学城第三中学校

4. 在诵读自学、小组合作和平板电脑的使用操作中感受云课堂的新意，在学习中加深印象，提高听课效率。

三 教材分析

《荷叶 · 母亲》是人教版中学语文七年级上册的一首散文诗，感知文意和作者的思想情感、关注借景抒情或托物言志的写作方法是本文学习的重难点。本课为第 2 课时。

四 教学重难点

1. 感知文意，品味文中深情。
2. 关注借景抒情或托物言志的写作方法。

五 教学方法

在教学中使用学校移动终端（云课堂多媒体教室）实施创新型教学。学生通过自学、小组互学、全班展示、反馈矫正、相互评价的方式学习。教师使用 PPT 适时展示相关图片、资料和问题，并将其通过移动终端发送给每一位学生，学生答疑后上传。在这种交流、交互式的课堂教学中，师生有效互动，学生学习的主体性得到更好的体现，有利于学生自主学习和合作交流能力的培养与提升。

六 教学过程

（一）导入小测

（PPT 展示荷花、荷叶图。）

1. 导入设计

师：同学们，每到夏季，重庆大学校园里的荷花就会开得格外夺目。很多人都会前去赏荷。可是，观看鲜艳夺目的荷花时，有没有人注意过荷叶呢?

（学生有的说有，有的说没有。）

师：有一个人关注到了。她是谁呢？

生：冰心。（师点击图片，出现作者姓名。）

2. 预习检测

师：同学们了解冰心吗？谁来为大家介绍一下？

生1：冰心是她的笔名，原名谢婉莹，福建人，现代作家、诗人。

图1 荷花、荷叶图

生2：她的代表作有《繁星》《春水》。

3. 课题导入

师：今天就让我们走近冰心，走近她的这篇散文诗《荷叶·母亲》。

（二）知意品情

1. 自由朗读，初步感知

师：请同学们将语文课本翻到第27页。先给大家3分钟时间，自由朗读课文。要求声音洪亮，大致了解文中写了什么。（师展示朗读要求，调出计时器，计时3分钟。）

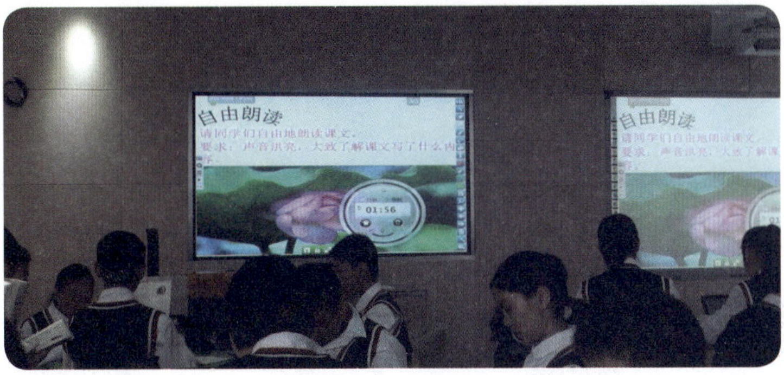

图2 自由朗读倒计时

2. 展示反馈，关注重心

师：本文的题目是《荷叶·母亲》，作者开头就写荷叶和母亲了吗？

生：没有。

师：那她是从什么写起的呢？

生：莲花。

师：故乡庭院里的莲花是什么样的？

生：都是红色的。

师：文中哪些段落是在具体描写红莲呢？

生：第 4 到第 9 自然段。

图 3　课堂教学情景

3. 细读勾画，自学探究

师：请同学们细读第 4 到第 9 自然段，在书上用不同的符号勾画出作者四次看红莲时不同的心境、不同的环境以及红莲当时是怎样的。（推送 PPT 信息，提醒学生在书上用相应的符号勾画关键词句，然后用平板电脑完成填空并上传。自学探究部分 2 分钟完成，填空部分 3 分钟完成。）

4. 展示反馈，导引点评

（教师检查学生自学答题的情况，并选择性地抽调个别答案在屏幕上展示，然后根据学生的反馈，进行有针对性的导引和点评。）

图 4　学生作答情况展示

图 5　教师点评学生的作答

5. 资料助读，品味真情

师：文中作者四看红莲，在这样的情景下她的心情是怎样的呢？

生：感动。

师：作者为什么会感动呢？老师来为大家补充介绍一些关于冰心的知识。（用PPT展示冰心的照片和相关知识：冰心，原名谢婉莹，中国现代著名女作家，儿童文学家。代表作有散文集《寄小读者》，诗集《繁星》《春水》。她创作的内容大致包括母爱、童真、自然三个方面。以宣扬“爱的哲学”著称，而母爱，就是“爱的哲学”的根本出发点。）

图 6　向学生介绍冰心

师：（再次提问）作者为什么会感动呢？这篇文章的题目叫作“荷叶 · 母亲”，但是母亲有没有在文中出现？

生：有。

师：第一次出现是在哪个自然段？

生：第 6 自然段。

师：哪一句？我们一起来读一遍。

（生齐读。）

师：天上下雨了，我在外面看荷叶、红莲，母亲看到我淋雨了唤我赶快回屋。“雨势并不减退”，此时的红莲在荷叶的护盖下“却不摇动了”。“我”看到这样的一幕就感动了，为什么呢？

生：本文的题目叫《荷叶 · 母亲》，我认为这里的荷叶就喻指母亲。

师：那红莲呢？

生：“红莲”喻指“我”。“我”遇到困难和挫折的时候，母亲就会保护“我”。

就像天上下雨了，荷叶保护红莲一样，所以“我”很感动。

6. 关注手法，探究情旨

师：（给予该生掌声。）了解作者、了解这篇文章的背景，可以帮助我们更真实地了解这篇文章。文中作者四看红莲，由荷叶护红莲联想到母亲爱护孩子。文章表面上写的是荷叶保护红莲，实际上想表现的是对母亲护子的感动之情。这运用了什么手法？

生：借景抒情。

师：作者在文中有没有直接抒发这种情感呢？

生：有。

师：请大家赶快找出来。（师启动抢答器，学生抢答。）

生：母亲啊！你是荷叶，我是红莲。心中的雨点来了，除了你，谁是我在无遮拦天空下的荫蔽？

师：找得好极了！请同学们齐读此段，品味文中真情。

（生齐读此段。）

师：同学们读得真好！你们能告诉老师，作者在文中抒发的是什么样的感情吗？

生：对母爱的讴歌。

图 7 学生交流讨论

师：老师收集了同学们在预习此处时遇到的三个问题。（PPT 适时展示。）

（1）“心中的雨点”是指什么？

（2）如何理解“除了你，谁是我在无遮拦天空下的荫蔽”？

（3）“母亲啊！你是荷叶，我是红莲。心中的雨点来了，除了你，谁是我在无遮拦天空下的荫蔽？”在结构上有什么作用？

（推送 PPT 信息，学生先思考，再小组讨论，然后展示反馈并补充评价。）

生1：我认为“心中的雨点”在这里是指人生路上遇到的困难挫折。

生2：“除了你，谁是我在无遮拦天空下的荫蔽？”这句话的意思是在我们遇到困难、挫折时，母亲会保护我们、安慰我们，让我们走出困境，看到希望。

生3：“母亲啊！你是荷叶，我是红莲。心中的雨点来了，除了你，谁是我在无遮拦天空下的荫蔽？”一句讴歌了母亲对子女默默付出、无私奉献的精神，点明了文章的主旨。文末这句话由写荷叶护红莲到赞美母亲护子女，深化了文章的中心。

（三）课堂小结

及时点评，并调出计分器，根据各小组答题情况随时计分，再根据加分板汇总各组成绩，予以表扬。

图8　课堂教学情景

（四）教师寄语

师：漫漫人生路，难免几多风雨。在“心中的雨点”到来时，母亲总是会给予我们最深情的“荫蔽”。母爱是人类情感中最崇高、最无私的感情。希望大家在学习后能更深刻地去感受这种人间至情，懂得母亲的不易。让我们铭记母爱，以实际行动来报答母亲吧！

七　教学反思

一节课很快就结束了，学生们对于这种新鲜的课堂教学方式十分感兴趣，不停地问我什么时候再来未来教室。我也明显感觉到此次课堂上学生的兴趣比平日更浓。不过，因为是第一次尝试探究，我和孩子们对于“云课堂”的部分操作都还不是特别熟悉。比如在平板电脑上书写时，孩子们忘了运用书写笔，而且字体过大，书写效果明显不如用钢笔和粉笔美观。而我呢，也明白了一张口、一支笔、一本书的课堂远不如充斥着画面、游戏、音频、视频和亲手操作的课堂能激起学生敏感的感觉神经。

云课堂是基于云计算技术的一种高效、便捷、实时互动的远程教学课堂形式。使用者只要通过互联网界面进行简单的操作，便可以快速、高效地实现教师与全体学生传输、处理讯息，同步分享视频文件等行为。

目前，“云课堂”对于师生来说，还是新鲜事物。虽然多媒体教室在中小学已经很普遍，借助计算机软件上网早已不算稀奇，但是我觉得，我的这节“创新云课堂，运用增实效”依然充满了新奇的意味。教师没有用粉笔，学生不必用钢笔和笔记本，人与计算机实现交互，更加智能化、生动化，学生学习的积极性和主动性也得到了很大的提高。

对于教师来说，“云课堂”的创新运用可以减轻作业批改的负担，提高课堂授课的实效；对于学生来说，这很有可能成为一种新型的课堂活动模式和作业完成模式。学生利用平板电脑学习、完成作业，可以在浩如烟海的网络世界里找到更多的讯息、拓展视野。平板电脑功能的开发和高效使用，将会把学生带入一个更加新奇和有趣的世界。

当然，“科技的进步是一首悲喜交集的进行曲”，凡事有利必有弊。有的家长担心孩子用平板电脑学习会沉迷网络不思学习，更多的家长担心这样的学习形式会伤害孩子的眼睛。但是，不管怎样，“云课堂”已经渗透到我们教育教学的前沿，其势是不可挡的！只要家校合力，正确导向，合理引导，课上适当控制平板电脑的使用时间，家长的担忧是可以避免的。

我相信，随着科技的进步，“云课堂”还会有更多的创新，也会更加切合教学的实际需要，满足师生的需求。届时，我们的课堂一定还会发生翻天覆地的变化！

智慧有我，云领课堂

——“平面图形与立体图形”云课堂教学案例

皮方兵[①]

一 教学背景

（一）课时

1 课时。

（二）教学准备

教师：课件、微课、各种立体图形模型，将自学提纲和内容发布到智慧课堂云平台的导学本中。

学生：每人一部充好电的平板电脑，收集的立体图形实物、橡皮泥、马铃薯、红薯、萝卜、小刀等操作素材，网络上搜寻美丽的图片，完成教师发布到导学本中的自学内容。

二 教学目标

1. 让学生能从生活实物中抽象出几何图形，从点、线、面三个角度简单了解所学立体图形的一些特征，尤其会识别棱柱与棱锥，知道立体图形和平面图形的紧密联系。

① 重庆市丰都县平都中学校

2. 发展观察能力、动手操作能力、归纳能力等。

3. 让学生在探究活动中获得一些基本的数学活动经验，感受智慧云课堂学习中的乐趣。

三 教材分析

本节课是学生进入初中阶段初次接触几何知识，是进一步学习几何知识的必要储备，涉及转化和类比的数学思想。本节课对培养学生的学习兴趣、探索精神、操作能力和创新能力都有非常重要的意义。

四 教学重难点

能从生活实物中抽象出立体图形；能从点、线、面三个角度简单了解所学立体图形的一些特征。

五 教学方法

在课堂教学中，从生活实物中抽象出几何图形，充分利用数学与生活的紧密联系；通过让学生动手操作、观察、猜想、归纳、比较等，利用智慧云平台和微视频等手段，培养学生的自主、合作、探究能力，以引导学生主动获取知识。

六 教学过程

（一）图片欣赏，情景引入

师生展示、欣赏在生活中搜寻到的美丽图片或在网络上搜寻到的图片。师生共同小结：这些图形是美丽的，我们要用一种几何的眼光，从数学的角度去欣赏它。

（二）自学诊断

检测学生在云平台导学本中的自学效果。利用智慧课堂云平台的课中系统将1道判断题和2道选择题发送到学生的平板电脑上，学生完成提交后，教师利用智慧课堂软件中的大数据统计分析功能及时得出学生的正确率，检测学生在云平台导学本中的自学效果。顺势引导学生认识平面图形与立体图形的关系。

（三）观察与思考

对小学学过的平面图形和立体图形——圆、长方体、正方体、球、圆柱加深认识，重点学习棱柱和棱锥；结合学生带来的生活中的实物，简单说说这些立体图形的部分特征。教师重点说明棱柱和棱锥是新学的立体图形，让学生争取在生活中找出相关实物。

（四）议一议

利用智慧课堂云平台的教师广播功能，提出问题。学生小组合作讨论“棱柱和圆柱”以及“棱锥和圆锥”分别有什么共同特征，有什么区别。

学生交流后在平板电脑上提交并展示小组讨论结果。教师关注学生是否抓住了点、线、面特征以及活动的经验。

（五）做一做

小组分工合作用橡皮泥、马铃薯、红薯、萝卜等生活中常见的素材做出本节课所学的几种立体图形，然后用平板电脑摄像功能在平台中进行小组成果展示，培养学生的分工合作意识和动手操作能力。

（六）小组讨论并学习微视频

引导学生用自己的方式对所学的立体图形进行简单的分类，并说明理由。利用微视频学习不同的立体图形分类。培养学生的语言表达能力、发散思维能力和合作交流的能力。

（七）云课堂小测试

利用智慧课堂的课中系统，将1道判断题和2道选择题发送到学生的平板电脑上，学生完成提交后，教师利用智慧课堂软件中的大数据统计分析功能及时得出学生的正确率，检测学生在这节课后的学习效果。

（八）小结——数学日记

本节课我们学习了哪些基本知识和基本技能？体会了哪些基本的数学思想和活动经验？对自己和小组成员在这节课的学习进行评价，写成数学日记，交流一下吧！

（九）作业

1. 课本第 117 页第 1 题，第 118 页第 2 题。

2. 试用纸做正方体和圆柱。

七 教学反思

《义务教育数学课程标准（2011 年版）》明确指出“学生是数学学习的主人”“动手实践、自主探索与合作交流是学生学习数学的重要方式”。在本节课中，教师首先为学生创设了生动、直观的现实情景，具有强烈的吸引力。随着问题的提出，教学的深入，学生在教师的引导下，经历观察、思考、操作、交流等过程，积极地参与数学学习活动，真正成为学习的主人，充分体现了学生的主体地位。通过“做一做”“议一议”“云课堂小测试”“微视频”“数学日记”等，不断唤醒学生的“兴奋点”，不断激起课堂的“小高潮”，让学生既体验到探索的艰辛，也领略到成功的喜悦。学生学得轻松愉快，教师教得得心应手。

“智慧有我，云领课堂”是本节课的主要特色。教师充分利用智慧课堂云平台的导学本功能，将自学的提纲、内容发布到导学本上，学生在自己的平板电脑上完成自学，并在上课之初通过智慧课堂课中系统的大数据分析功能统计、分析学生的自学效果，从而使本节课的教学更具针对性和实效性。同时，教师使用智慧课堂云平台的教师广播功能，将课件和学习内容发布至学生的平板电脑上，让不同位置的学生都能清晰地看到教学内容，更能集中学生的注意力，增强课堂的实效性。教师使用智慧课堂课中系统的教师提问功能，将问题发布到学生的平板电脑上，学生可以在平板电脑上直接解答，也可拍摄照片上传，教师可以在系统中调取学生的答题情况并进行适时讲评。所以，智慧课堂的辅助教学使本节课更生动形象，更具活力，更具实效性。

在今后的教学中，我将树立终身学习的态度，学习先进的现代课堂教育技术，利用各种途径获取教育资源，提高自身的信息技术水平，促进自身的专业成长，不断提升教育教学的能力，为更好地实现现代化课堂而努力。

总之，本节课充满智慧、生机与活力。

扬教学之风帆，创课堂之精彩
——“Super Kitchen”云课堂教学案例

唐杰[1]

一 教学背景

随着新课程改革的深入，我们的课堂也正渐渐地发生着变化。2017 年 4 月，铜梁区巴川初级中学开始引进智慧班级，为学生配备了以平板电脑为核心、以学海公司“智通云”电子书包为技术支撑的移动设备。“智通云”电子书包是基于平板电脑学习终端、采用先进信息技术、贴合一线教学需求的移动教育辅助工具。电子书包融合了移动教育理念，让交互式教学活动随时随地发生。利用信息技术，减少教师的重复劳动，通过大数据的分析统计，真正提升了教学效率，进而可以因材施教。作为一线教师，我很荣幸能够带领我班的学生参与这次教学创新。

二 教学目标

（一）语言目标

1. 能区分表示食材的可数名词与不可数名词，并能借助量词表达食物的数量。
2. 能运用“How many/ much”对可数名词以及不可数名词的量进行提问。
3. 能使用祈使句发布制作步骤的指令。

① 重庆市铜梁区巴川初级中学校

4. 能恰当运用表示顺序的副词表达制作步骤的先后顺序，如“First，... Next，... Then，... After that，... Finally ...”。

（二）情感目标

引导学生珍惜食物，学会感恩。

三 教材分析

“Super Kitchen”这一课来自人教版中学英语八年级上册 Unit 8 How do you make a banana milk shake?（2d-3b）。本节的教学内容来自 Section A（2d-3b），通过对教材的适当整合，谈论物品用量以及如何制作食物的过程，采用系列活动引导学生对语法进行自主归纳学习，利用真实、有意义的语言运用活动锻炼学生的语义表达能力。

四 教学重难点

1. 教学重点：利用表示顺序的连接词对食谱的制作过程进行描述。
2. 教学难点：表示制作程序的动词和动词短语的表述以及量词的准确表达。

五 教学方法

在教学过程中，采用任务型教学法与交际性语言教学法，充分发挥学生学习的主体作用，培养学生的自主学习能力以及小组合作能力。

六 教学过程

2017 年 12 月 8 日，重庆市“2017 年教育云课堂项目教学应用研究工作研讨会”在铜梁区巴川初级中学校举行，我所承担的“Super Kitchen”这一展示课结合学校自身云课堂推进情况以及重庆市教育信息技术与装备中心专家的指导，得以顺利结束。从备课到最后展示的过程，虽略有煎熬但也收获良多。

这节课的教学重点在于可数名词与不可数名词的区分，以及如何对可数名词与不可数名词的数量进行提问，在此基础上学会用“First，... Next，... Then，... After that，... Finally，...”描述食谱的制作过程。这节课以“风云厨房”为主题展开，分为慧眼识珠、偷师学艺、小试牛刀与大显身手四个板块。通过四个板块的学习，让学生明白食物来之不易，要学会珍惜，学会感恩。

这节课以食神的一封信引入，厨界“超级食谱”被盗，为避免厨界轩然大波，食神命风云厨房的全体学徒必须在当日完成一份新的超级食谱。因教学内容的相似性，我班学生在超级食谱完善后，将会与另一个班进行在线分享。因此，教学目标明确后，点明主题，与另一个教学班在线互动，然后开课。

（一）慧眼识珠

在慧眼识珠板块，让学生先通过 Thoughts Shower，在有限的时间内，自己在脑海里搜索关于食材的相关词汇，并大声地说出来，再随机抽几名学生进行检测。在抽测完成后，让学生在智通课堂的相应板块以可数名词、不可数名词和既可数又不可数的名词这三种类别完成对所给名词的分类。

所给名词以图片的形式提前推送到智通课堂中，让学生以涂鸦的方式（可数名词下画单线，不可数名词下画双线，既可数又不可数的名词画圈）进行分类并上交。

智通课堂主要用于课堂内，教师能够当堂进行教学内容的互动，并进行全面监管。及时互动有利于当堂巩固，全面监管，提升所有学生的课堂效率。学生此次名词分类的提交速度能够反映出学生对这些名词的掌握程度。在学生全部完成提交后，则随机抽取两份作业进行点评，然后再把优秀案例发送至展板，让学生根据展板内容自行更正。智通课堂内，教师可以看到所有学生提交的作业情况，基于全班学生的信息，教师可以全面掌握学情，并抽取最为典型的案例进行知识点的强化和讲解。

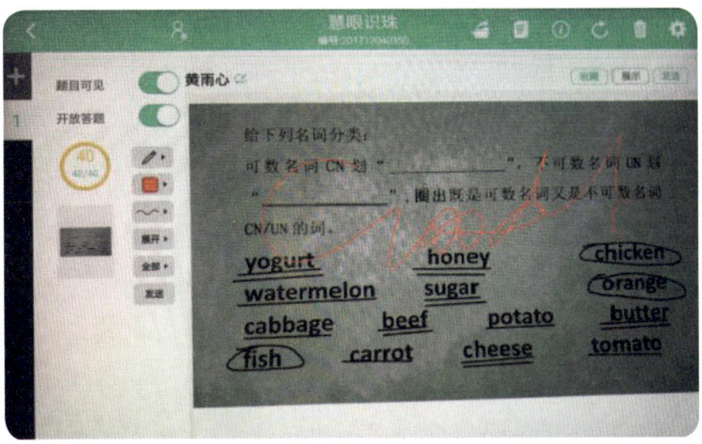

图 1 智通课堂中的学生展示板块

在学生完成对名词的分类后，再解决对可数名词数量以及不可数名词数量提问的特殊疑问词问题（“How many”对可数名词的数量提问，“How much”对不可数名词的数量提问）。在解决了这两个问题后，立刻以选择题的形式推送关于“How many”和“How much”的5道练习题到云作业中，让学生当堂巩固练习并提交。此次我所设计的5个问题皆以自编题的形式上传，云作业系统能够进行自动批改，同时采用大数据统计分析，能够准确全面地反映学生对知识点的掌握情况。教师根据学生对不同知识点的掌握情况，真正实现“以学定教”，提升教学效率。这5道选择题的准确率统计结果系统且直观，在课堂中教师可挑选典型案例进行讲评。在讲评过程中，进行及时批注，并把批注的结果及时上传。这样，每个学生都可以自行对比浏览，最后进行错题订正。

图2 智通课堂学生批注

云作业资源平台内有丰富、优质的学习资源，我们可以根据教辅的选定，把资源导入云作业资源平台。根据学生的学习情况，我们可以将里面的资源随意组合成作业。系统也支持学生分组，我们还可以根据学生的学习能力对学生实行分组，再布置个性化作业。本节课的课堂练习，除系统内的题库，我们还根据学生的实际情况添加了自编题。但不论是资源库里的题还是自编题都会根据大数据统计分析的结果，实现有针对性的错题组卷。这样的错题组卷有利于提升学习的效率，学生会更有针对性地解决学习疑难点。课堂中练习的错题，我也以错题重新演练的形式再次发送给学生，并且只有做错的学生才会收到，这就避免了部分学生重复做题。如果有必要的话，还可以在每题前录制微课进行讲解。

（二）偷师学艺

随着食材问题的解决，本课所需的词汇问题已经解决。在此环节，以“罗宋密谈”为题推送教材内容2d至智通课堂，让学生在自己的平板电脑上解决罗宋汤的食材以及制作步骤问题。每个学生在读的时候可以准备问题提问。最先完成的一组将有机会担当大师傅，为大家讲解罗宋汤的制作方法，同时接受来自其他组的提问。在学生以小组合作学习的方式解决了罗宋汤的食材和制作步骤问题后，教师再对食谱的制作步骤进行总结，最后以二维码的形式呈现知识点的讲解和罗宋汤的文化背景知识，学生根据自身情况利用QQ进行现场扫描答疑。

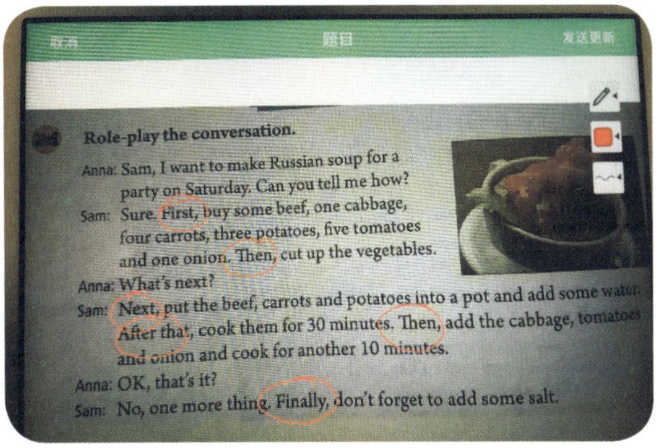

图3 智通课堂学生批注

（三）小试牛刀

此环节是食谱制作的练习环节，把爆米花的制作流程图推送至智通课堂，让学生在小组内讨论爆米花的制作方式,实力稍有欠缺的同学可以进行批注。任务完成后，以Circle Activity的形式让每组轮流呈现自己的制作步骤，最后汇总。

（四）大显身手

“大显身手”仍然以小组讨论的方式进行，在智通课堂内的“大显身手”板块，要求小组食谱制作完成后，每组由一人上传小组食谱，所有成员都可以利用网络进行现场资料搜集、查阅。在所有小组食谱制作完成上传后，教师将每组的食谱放在学生展板内，同时在智通课堂的第二个题目内进行现场投票，后台系统数据统计决定终极食谱为何组。这堂课选出的终极食谱为Kevin组的“福建烤老鼠”。在结果出来后，我们以QQ视频的形式，联系另一个班进行在线食谱

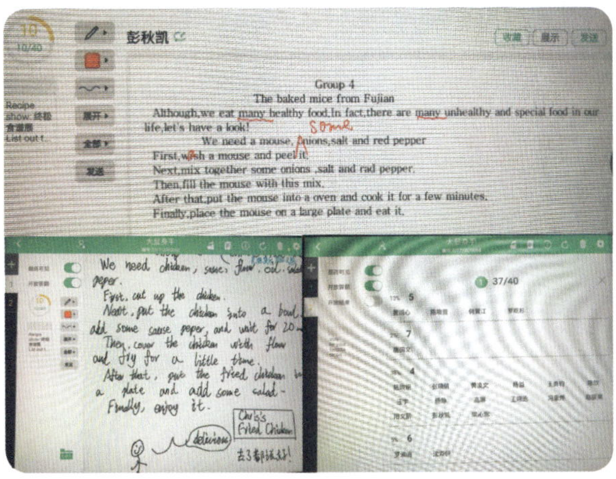

图4 智通课堂学生呈现、教师批注及在线投票结果公示

分享。Kevin 开篇点明有很多食物虽然很美味，但是不健康，比如他们的终极食谱虽为地方特色，但它是垃圾食品。学生看待问题的角度比较全面，价值观取向亦不曾偏离。

在课堂总结阶段，教师还在云作业内为学生设置了一道课堂总结的主观题目，但由于课堂时间限制，总结被安排在了课后。主观题的作答结果同样会通过大数据的分析，最终呈现在数据收集板块，可以很直观地反映学生在哪些方面做得较好，在哪些方面还需要下功夫。家庭作业的布置则很自然地安排为根据小组制作的食谱，给自己的父母做一顿饭，感激父母的养育之恩，并拍照或录制视频上传至班级 QQ 群分享。

七 教学反思

这次云课堂教学应用展示课经过反复备课，反复磨课后，我感触颇多。首先，这节课如果再上一次的话，我会给学生推送更多关于食物制作的相关文字材料或图片材料，在不断地循环输入后，让学生再输出。其次，在使用平板电脑以及学海公司技术支持的同时，让我愈发感觉到在提倡促进信息技术与教育教学深度融合，变革教与学方式，提高教育教学质量的大前提下，我们在课堂中不能为了用新技术而用新技术，我们需要贯彻新课程标准理念，明确教学目标，注重以学生发展为中心，把握学科教学特点，让新技术与学科教学自然融合，浑然天成，真正意义上改变教学方式，提升教学效率，实现师生共同成长。云课堂的运用在很多方面为我们的教学提供了便捷，但是关于这一块的探索，我们仍在路上。创新，我们亦在路上！

云课堂在地理教学中的运用

——《极地地区》云课堂教学案例

王凤康①

一 教学背景

（一）课时

1 课时。

（二）教学准备

教师：在小蚂蚁 PC 端上传课件、视频、练习题等教学资源。

学生：提前预习教材。

二 教学目标

1. 通过查阅地图，从地理位置、自然景观、气候特征、自然资源等方面，说出南、北极地区自然环境的特殊性。

2. 通过阅读资料，认识开展极地科学考察和保护极地环境的重要性。增强保护极地地区环境的意识，树立勇敢进取的精神。

3. 通过分组学习的形式，培养学生的小组合作意识、竞争意识和团队意识。

① 重庆市涪陵第十四中学校

三 教材分析

《极地地区》是人教版初中地理七年级下册第十章的内容，极地地区的自然环境相对于其他地区具有明显的特殊性。本章的学习有助于学生进一步掌握区域地理的学习方法，有利于培养学生的地理分析能力及探究精神。同时，地理学科所倡导的可持续发展观在本章也得到了很好的体现。

四 教学重难点

（一）教学重点

1. 极地地区特殊的自然环境。
2. 增强学生保护极地地区环境的意识。

（二）教学难点

极地地区的环境特征及其成因。

五 教学方法

教法：情景教学法、任务驱动法、图释导学法。
学法：自主探究、小组合作。

六 教学过程

（一）课前

通过小蚂蚁平台的“蚁巢”功能发布自习内容，学生在课前完成自习任务。

1. 自习

（1）仔细观察教材“图 10.1 南极地区”，回答下面的问题。

位于地球最南端的南极地区，是指南纬_______以南的广大区域，包括_______以及周围的海洋_______、_______、_______。

（2）仔细观察教材“图 10.2 北极地区”，回答下面的问题。

位于地球最北端的北极地区，是指北纬______以北的广大地区，包括______的大部分，以及沿岸的______、______、______三洲的陆地和岛屿。

2. 自疑

学生完成自习之后在“蚁巢”提出自己的疑问，教师及时收集，掌握学生自习情况，便于针对性教学。

（二）课中

1. 视频导入

播放视频《极光》，导入新课，激发学生的学习兴趣。

2. 新课讲解

教学围绕模拟极地科考，以“Where—When—How”为教学主线，依次展开。

（1）Where——认识考察地的地理位置。

打开谷歌地球软件，让学生在地图中找南极地区和北极地区的位置。

【设计意图：学生对谷歌地球感到新奇，参与度高，有助于活跃课堂气氛及培养学生的方位感。】

用小蚂蚁教师端将南极地区和北极地区的地图推送给学生，并出示以下问题：

①描图：在两幅图中分别描出北极圈和南极圈；

②填图：在两幅图中分别填出北冰洋、南极洲；

③在图中标出环绕北冰洋的大洲以及环绕南极洲的大洋。

学生完成后，将答案上传到公屏中进行交流，教师选取有代表性的学习结果及时评价。

【设计意图：该环节通过学生的自主学习以及探究学习，发挥学生的主体作用，让学生手脑并用，通过描图、填图、识图等，认识极地地区的位置范围，培养学生的自主学习能力以及读图、用图能力。】

（2）When——确定考察的时间。

师：如果我们要去北极地区考察应该选在什么时候？去南极呢？

学生小组讨论，然后将讨论结果上传到公屏。

师小结：去北极一般在北半球的夏季，去南极一般在北半球的冬季（南半球的夏季，每年 11 月 ~ 次年 3 月）。

（3）How——了解考察地的自然环境。

利用小蚂蚁平台的分组功能将全班学生分为气候组、生物组、资源组、环保组 4 个小组，模拟考察极地地区的自然环境特征。将各小组的任务卡分别发送给相应的小组，小组合作探究。小组合作完成任务卡，由组长负责将本组完成的科考任务上传到公屏，小组之间相互点评。最后教师对各小组的科考任务完成情况进行点评。

气候组任务卡

温馨提示：结合教材第 93~95 页的内容回答问题。

去极地地区考察时，有三样东西必不可少，即防寒服、保湿霜、防风镜，请学生说出原因。

A. 带防寒服的原因：________________________________

B. 带保湿霜的原因：________________________________

C. 带防风镜的原因：________________________________

师小结：之所以要带防寒服，是因为极地地区终年严寒；带保湿霜的原因是极地地区降水少，空气干燥；带防风镜的原因是极地地区有强风。

请学生完成表 1。

表 1　南极地区和北极地区气候对比表

地区	年平均气温	年平均降水量	年平均风速
南极地区			
北极地区			

师小结：南极地区的年平均气温低于北极地区，目前测得的南极地区的最低气温是 -93.2 ℃，因此南极有“寒极”的称号；南极地区的年平均降水量也低于北极地区，特别干燥；南极地区的年平均风速要大于北极地区。因此，南极地区具有酷寒、干燥、烈风的特点。

此环节增加活动：学生分组讨论为什么南极地区比北极地区更冷。

解读酷寒：

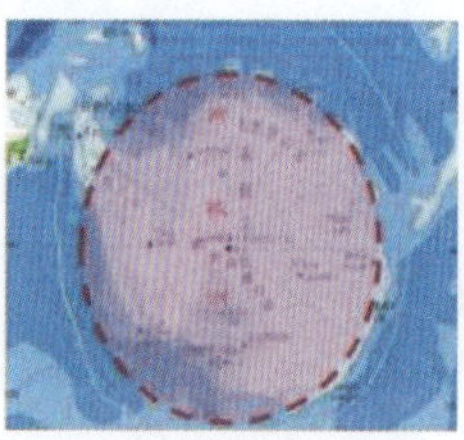

南极地区位置图

↓

纬度高

七大洲平均海拔

洲名	平均海拔（米）
亚洲	900
非洲	750
欧洲	300
北美洲	700
南美洲	600
大洋洲	340
南极洲	2350

↓

海拔高

南极的“冰雪地表”

↓

冰雪反射

图 1

由海拔高引出南极洲的另一个称谓“冰雪高原”。

教师小结：

南极地区气候特点：酷寒——冰雪高原；干燥——白色沙漠；烈风——风库。

北极地区气候特点：寒冷、降水少、大风。

生物组任务卡

温馨提示：结合地理图册第40~41页的内容回答问题。

请完成南极地区和北极地区特有生物对比表。

表2 南极地区和北极地区物种对比表

地区	代表性生物	其他生物
南极地区		
北极地区		

师小结：两极地区的代表性生物不同，北极地区的代表性生物是北极熊，南极地区的代表性生物是企鹅。

资源组任务卡

温馨提示：结合教材第96~97页的内容回答问题。

请找出极地地区的自然资源：

____

教师小结：极地地区的自然资源有淡水资源、矿产资源、生物资源等。

环保组任务卡

温馨提示：结合教材第98~99页的内容回答问题。

去极地地区考察时，考察队员产生的生活垃圾应该怎么处理？为什么？

____

____

极地地区面临的环境问题有哪些?

A. ______________________________

B. ______________________________

C. ______________________________

D. ______________________________

师小结：你们知道吗？我国每次向极地考察站派去的补给船，去时装得满满的，回来时也不轻松。其实很多都是生活垃圾，其目的是保护极地地区脆弱的生态环境。

面临的问题：全球气候变暖，冰川融化；滥捕滥杀动物，破坏生物多样性；海洋石油泄漏（环境污染）。

3. 本课小结

通过本次模拟科考之旅，我们认识了两极地区恶劣的自然环境和丰富的自然资源。我们了解极地地区，就是为了更合理地利用它、保护它，进而为人类社会的可持续发展做出应有的贡献。

4. 巩固练习

用小蚂蚁教师端给学生推送练习题，学生用平板电脑答题，答题完成后提交。系统自动批改，可以查看全班整体的答题情况，如正确率、答题时间等，也可以查看某个学生的答题情况。

图 2　部分学生作答情况统计

（三）课后

利用小蚂蚁平台的直播课功能，在线解决学生的课后遗留问题，巩固教学效果。

七 教学反思

本课设计了学生对极地地区的模拟考察，这样的设计渗透了地理核心素养，从学生个体的全面发展和终身发展出发，注重学生主体地位的培养。从学生适应社会发展并掌握现代技术的理念出发，利用谷歌地球软件展示极地地区的位置。本课利用小蚂蚁教学平台辅助地理教学，利用远程互动录播系统开展云课堂教学，让学生在上课过程中感受现代教育技术给学习带来的便利。

人地观念是地理课程最为核心的价值观，目的在于培养学生正确的自然观、资源观、环境观、人口观、发展观，从而树立人与自然和谐相处的理念。本课的实际教学注重学生人地观的培养，引导学生树立正确的人地观，培养学生良好的行为习惯，让其在与自然相处的过程中学会包容，懂得珍惜。

用实景教学打造“身边”的地理课堂

——《世界的聚落》云课堂教学案例

王悠然[①]

一 教学背景

（一）案例背景

不久前，笔者有幸观摩了大型实景课堂“中国石拱桥”。该课借助小蚂蚁云校独特的互联网技术，将真实场景接入课堂，通过实时与身处赵州桥、卢沟桥以及伦敦塔桥的教师多层次、多维度互动沟通，让来自全国各地的学生体验了一次完全不同于以往的学习方式。

在深感震撼的同时，笔者想到，能否将实景交互理念引入地理课堂呢？这样一来，学生坐在教室里也能真切体验到屏幕那头精彩的地理世界。

（二）设计依据

1. 基于“实景学习”理念

“实景学习”由 EDUCAUSE 下属的当前议题委员会提出。新媒体联盟在《2014 地平线报告（基础教育版）》中将“实景学习”定义为基于“实物、实情和实地”的学习。实景学习聚焦真实世界、复杂问题及相关解决方案，学习方式多采用角色扮演，基于实际问题的活动、案例研究，在一个虚拟社区中进行实践。

① 重庆市南岸区茶园新城初级中学校

本课便是借助直播互动技术，将真实场景融入课堂，使学生在互动直播中实时发现问题、解决问题。

2. 基于学科核心素养的培养要求

2014年，教育部地理课程标准撰写组提出，地理核心素养应包含“人地观念”“综合思维”“区域认知”“地理实践力”等四个维度。相较于其他三个维度，“地理实践力”是平时地理教学最重要却最难以培养的部分。而倡导在真实环境中解决科学问题的“实景学习”则是培养地理实践力的重要途径之一。

二 教学目标

1. 能运用图片描述城市景观和乡村景观的差别。
2. 能举例说出聚落的形成与自然环境的关系。
3. 能说出重庆民居的形成与地理环境的关系。
4. 了解并阐述传统民居的保护策略。

三 教材分析

《世界的聚落》是湘教版初中地理七年级上册第三章第四节的内容，对应的课程标准要求为“运用图片描述城市景观和乡村景观的差别；举例说出聚落与自然环境的关系”。聚落与自然环境的关系主要体现在两个方面：一是聚落的位置、分布与自然环境的关系；二是聚落的建筑与环境的关系。因此，聚落案例的选取对本课教学目标的达成至关重要。

结合课标要求与重庆地区相关的地理特征，本课将重庆市洪崖洞吊脚楼景区选为外景拍摄地，并提前进行了调查和资料搜集。

四 教学重难点

1. 举例说出聚落的形成与自然环境的关系。
2. 说出重庆民居的形成与地理环境的关系。

五 教学方法

本课基于“实景学习”理念，运用互联网的优势，在传统课堂中融合了直播互动的教学方式，以此培养学生自主学习、主动探究的能力。

六 教学过程

教学场景	教学环节	教学手段	设计意图
内景教学	引入	播放方言歌曲，引入新课	创设情景，激发兴趣
	初识	自主学习、读图思考	通过自学，明确聚落概念及分类； 通过读图，归纳城乡景观的差别。
	初探	读图探究、读图分析	通过读聚落景观图，探究聚落形成与自然环境的关系，民居对自然环境的适应方式； 通过重庆地形图，分析影响重庆城市形成的自然因素。
外景教学	相知	直播问答	通过外景教师的讲解与设问，学生思考，得出影响吊脚楼形成的自然因素，影响吊脚楼发展的社会因素。
内景教学	相守	角色扮演	通过活动，培养学生对传统民居的保护意识

以下是部分教学片段。

（一）片段一

（外景）师：同学们上午好，我是本次课程的外景老师。重庆多山地、丘陵，因此它有“山城”之称，你们知道重庆还有什么别称吗？

图1 外景教师与学生互动

生：雾都。

师：是的，重庆还是有名的雾都。由于山城地势陡峭，雾气难以消散，因此空气中水汽含量高，气候也十分湿润。那么，在这样的地理环境下设计怎样的房屋最合适呢？

生：吊脚楼。

师：是的，从我站的位置放眼望去，可以看出整个建筑是一座主要以木板、木桩为材料的半干栏式建筑，楼体一半紧靠崖壁，一半架空，因此我们形象地称之为吊脚楼。在20世纪，重庆随处可见这样的建筑。请大家结合重庆的地形、气候等思考这样设计有什么好处呢。

图2 重庆的吊脚楼

生1：吊脚楼的设计增加了房屋面积。

生2：通风、防潮；吊脚楼的建造材质轻盈，方便在山地运输。

师：同学们答得非常好，从对地形的适应上看，吊脚楼扩大了居住面积；从对气候的适应上看，吊脚楼通风、防潮……

（内景）师：通过外景老师的讲解，我们知道吊脚楼的设计较好地改善了重庆地形陡峭、气候湿润的问题。回顾刚才吊脚楼的水墨画，以前的吊脚楼通常只有一两层，那现在呢？让我们继续连线。

（外景）师：现在请同学们跟我一起数一下洪崖洞共有多少层。

生：9层……

师：其实现在洪崖洞有11层，楼层数比以往多多了，这是为什么呢？

生：可能是古代的建筑材质没有现代的先进……

师：是的，除沿用木材外，还加入了水泥、钢筋等新材料，使吊脚楼比以前更牢固。

（二）片段二

（外景）师：刚才同学们已经对吊脚楼有了初步的了解，接下来就请同学们跟随老师的脚步一起来欣赏吊脚楼的美吧。其实，吊脚楼之美在于它的“险”“奇”“巧”“秀”。

图3 外景老师讲解吊脚楼的知识

（外景）师：说它“险”，是因为它常高悬于峭壁之侧，其处境之险危若累卵；说它“奇”，就奇在几根细长门柱脚竟然撑起了貌似庞然大物的空中楼阁；说它“巧”，就巧在工匠们巧妙地运用了三角形的稳定性原理，将下坠力合理地分解在了建筑物所依附的崖壁上；它的“秀”，则体现在吊脚楼的色彩与山崖的植被色彩相互交织，相得益彰。

（内景）师：相信大家此刻对吊脚楼有了更多的好奇，大家还有什么问题要问外景老师吗？机会不多，抓紧哦！

生1：为什么吊脚楼现在修这么高？它现在的用处是什么？

（外景）师：运用了新材料的吊脚楼比以前更坚固了，因此可以修得很高。而现在的吊脚楼很少用于居住，多用于旅游观赏。

生2：与以前的吊脚楼相比，用了新材料的吊脚楼通风透气程度如何？

（外景）师：现在的吊脚楼通风效果也是不错的，随着重庆现代化建设的推进，洪崖洞吊脚楼的很多房间都装上了空调，因此，即使是在烈日炎炎的夏季也是不用担心的。

七 教学反思

（一）精选乡土资源，打造特色课堂

《义务教育地理课程标准（2011 年版）》提出，要学习身边的地理、要“引导学生在生活中发现地理问题，理解其形成的地理背景”等。在平时的地理教学中，教师往往会局限于教材所提供的教学素材进行教学，而忽视了学生身边的乡土地理资源。

比如《世界的聚落》一节，教材所选取的聚落案例对于重庆的学生来说是比较陌生的，在课堂上他们的学习动机仅以猎奇为主。笔者在备课中想到，重庆地区也有独具特色的吊脚楼民居，它形成的地理背景同样是值得深入探讨的。鉴于此，我们为学生制订了独一无二的内容，带领学生走进熟悉且真实的吊脚楼群，让他们主动探寻民居背后的地理故事。

（二）擅用信息技术，教学方式多样

随着科学技术的不断推进，信息技术手段趋向多样化。除常用的课件、Google Earth 辅助教学外，交互式平板、微视频、VR、AR 等也越来越多地涌入地理课堂。与传统教学方式相比，基于信息技术的课堂教学更具表现力和感染力，极大地提升了学生的学习兴趣。

本课仅仅是对直播互动教学进行了初步尝试，外景讲解也仅以教师讲授、学生回答为主（见片段一），教学形式相对单调。笔者认为，以后的实景课堂可以尝试引入本校的交互式平板教学技术，让学生在直播的真实情景中发现问题、解决问题，运用交互式平板统计并计算答题正确率，教师针对疑难点进行评价。这样一来，学生的课堂学习效果也得到了保证。

（三）鼓励学生提问，教师灵活答疑

与传统教学相比，实景教学最大的特点在于，学生能够在真实环境中发现问题、提出质疑，而教师能够实时解答学生的疑问，提高课堂学习效率。这就对教师的备课工作和教学经验提出了更高的要求。

为便于学生的学习，本课设置了现场答疑的环节（见片段二），但教师的回答内容稍显无序。例如在之前的讲授中，学生已经掌握了现在吊脚楼楼层变高的原因（见片段一），“生 1”的提问仍然是“为什么吊脚楼现在修这么高？”，这里学

生很可能更想知道的是现今吊脚楼各楼层的功能与以前有什么不同，而教师并没有完全理解学生的疑问点。“生 2”提出的问题是“新吊脚楼的透气程度好不好？”，这个问题显然难倒了外景教师，其回答也缺乏信服力。

因此，在准备实景教学时，教师应提前根据本课知识点间的内在联系预设大量问题，做到面对学生的各种难题都胸有成竹；还应灵活处理学生表述中的重点内容，并给予有针对性的解答。

综上所述，借助直播互动技术进行的实景教学对于地理知识的学习是非常有利的，它让学生走进真实的乡土地理环境，及时发现问题，主动解决问题，充分调动了学生学习的主动性。但目前我们对于该技术的运用还处于初步阶段，实景教学中出现的问题还值得我们进一步改进和探索。

云课堂在初中生物教学中的应用

——《绿色植物与生物圈的水循环》云课堂教学案例

全琳①

一 教学背景

面向全体学生、提高生物科学素养、倡导探究性学习是《义务教育生物学课程标准（2011年版）》的课程理念，本节课的设计紧紧围绕这三个方面展开。课程充分利用“互联网+教育”模式，将小蚂蚁教学平台引入课堂，实现生物、技术、生活三者的紧密结合。本节课以现代信息技术为手段，以课程内容为主线，通过一连串的生物实验引导学生发现问题、解决问题从而获得知识概念，充分发挥学生的自主学习、合作探究和创新发展的学习能力。

本节课有3个亮点：1.现代信息技术——小蚂蚁教学平台的引入，使学生能在新颖的教学模式下充分调动学习的积极性和主动性，让课堂高效化；2.实验贯穿整个课堂，生物是一门实验性学科，通过“提出问题—实验探究—解决问题”的形式，将课堂还给学生；3.教学流程清晰，以“自学—自疑—自探—自结—自测”的模式进行，教学过程系统化。

教学资源：

1.信息化资源：小蚂蚁教学平台、平板电脑（手机）、一体机。

2.常规资源：显微镜、叶片横切面和蚕豆下表皮永久装片、绿色植物盆栽、烧杯、镊子、绿色植物叶片。

① 重庆市涪陵第十四中学校

二 教学目标

（一）知识与技能

1. 描述叶片的基本结构。
2. 说明导管是水分在植物体内运输的通道。
3. 解释气孔控制水分和二氧化碳进出叶片的机制。

（二）过程与方法

通过实践与探究，学习对获得的事实进行分析，从而得出结论。

（三）情感态度与价值观

认识绿色植物在生物圈中的重要意义，认识到人类活动对植被分布的重要影响，形成爱护植被的意识。

三 教材分析

《绿色植物与生物圈的水循环》是人教版初中生物七年级上册第三单元第三章的内容。在生活中，同学们熟悉蒸腾作用的现象，但是对这一过程只停留在表面，并没有深入的了解。本节课按照“绿色植物体内水分的吸收—水分的运输—水分的利用—水分的散失（蒸腾作用）”过程，将整个水循环过程系统化，学生能直观认识到绿色植物在生物圈中的重要作用，从而自觉地爱护植被。

四 教学重难点

1. 认识叶片的基本结构。
2. 理解蒸腾作用的意义。
3. 能通过实验操作，观察叶片气孔的结构。

五 教学方法

本节课主要采用任务驱动法、实验法、合作探究法等进行教学。

六 教学过程

（一）创设情境，引入新知

“君不见黄河之水天上来，奔流到海不复回”描述的是黄河的水是通过降水等形式形成的，那么这些水真的就不能回到天上去了吗？根据学生具备的学前知识，他们能答出水能通过蒸发作用回到大气层，从而实现生物圈的水循环。教师继续提示：那么绿色植物作为生物圈中的重要成员能否参与水循环呢？

演示实验（如图 1）。

实验说明绿色植物能够参与生物圈中的水循环，那它具体是怎样参与其中的呢？

图 1　用塑料袋包住绿色植物

（二）自学探索

课前先让学生自学，学生自学后将提出的问题发送至公屏，大家共同解决。

（三）合作探究

1. 活动一：水分的吸收

提问：植物体内的水分是怎样来的？学生通过知识回顾，知道植物体水分的吸收是由植物根尖成熟区的根毛完成的。

2. 活动二：水分的运输

请学生思考：根毛吸收的水分是通过什么结构运输到植物各个部位的呢？

微课展示：探究植物体内水分的运输。

图 2　绿色植物的叶

图 3　绿色植物的茎

看完之后，小组讨论完成下面的问题。

（1）水分的运输结构是什么？该结构除了运输水分还可以运输什么物质？

（2）水分在植物体内的运输方向是怎样的？

（3）该运输结构在植物体的分布有何特点？

3. 活动三：水分的利用

水分源源不断地运输到植物的各个部位，它们全部被利用了吗？（给出一组数据，指出植物体内的水分只有约 1% 被利用，其余均散失掉了。）

4. 活动四：水分的散失（蒸腾作用）

植物体内的水分是通过哪个器官散失的呢？

演示实验（提前一天操作）：将两盆长势相仿的绿色植物，一盆保留叶片，另一盆摘掉叶片，分别在它们的茎上部分套上塑料袋，进行对照实验。学生可根据现象推断出：绿色植物水分散失的器官是叶片。

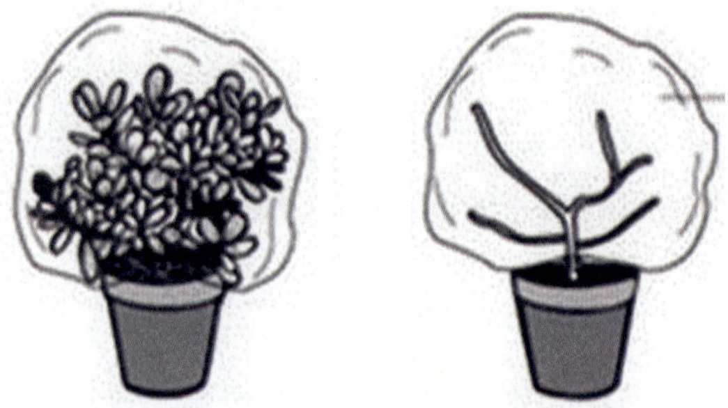

图 4　水分散失对照实验

正所谓结构决定功能，叶片究竟具有怎样的结构？

操作实验：以小组为单位制作叶片横切面临时装片；用显微镜观察叶片的横切面临时装片和蚕豆下表皮永久装片；结合教材所示叶片结构图，认识叶片的结构；小组讨论各个结构的功能。

教师对观察有困难的小组进行指导，并将完成特别好的小组观察到的图片拍照上传至小蚂蚁教学平台公屏，学生可以在公屏上查看其他小组的观察情况。

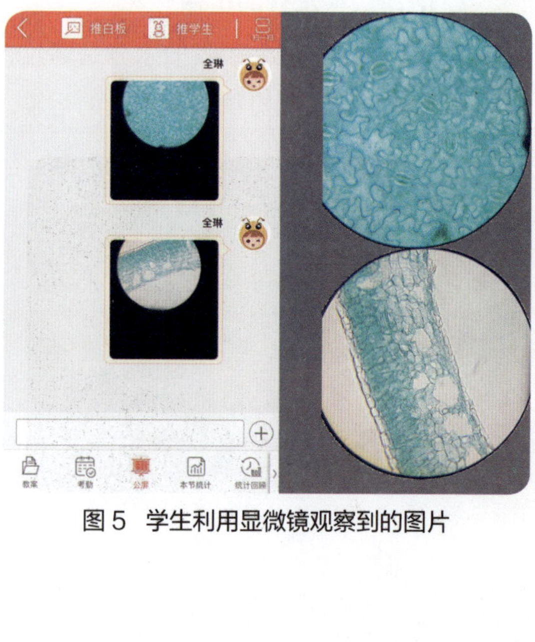

图 5　学生利用显微镜观察到的图片

讨论结束后，学生展示、讲解叶片的结构及其功能，教师对学生讲解不全面的地方进行补充。

“气孔是蒸腾作用的门户，气体交换的窗口。”后半句是学生理解的难点，所以这里设计了一个演示实验：

将叶片放入热水中，观察气泡的产生。由此学生就能理解气体的进出也是通过气孔进行的。

5. 蒸腾作用的概念和意义

学到这里，学生对植物体水分散失已有了一个大致的了解，接着让学生试着将这一过程用自己的话归纳出来，理解水分散失这一生理现象的实质就是蒸腾作用。紧接着对学生的情感教育进行升华，展示一组水土流失、洪水暴发的图片，让学生从更深层次理解绿色植物的重要意义，领悟绿色植物对于生物圈的重要作用，明白必须爱护绿色植物，才能守卫住我们的家园。

（四）自我总结

学生自由发言，交流本节课的收获。

（五）运用新知

完成平板电脑推送的习题，教师根据学生的完成情况，进行有针对性的讲解。

图 6　部分学生作答情况展示

附：板书设计

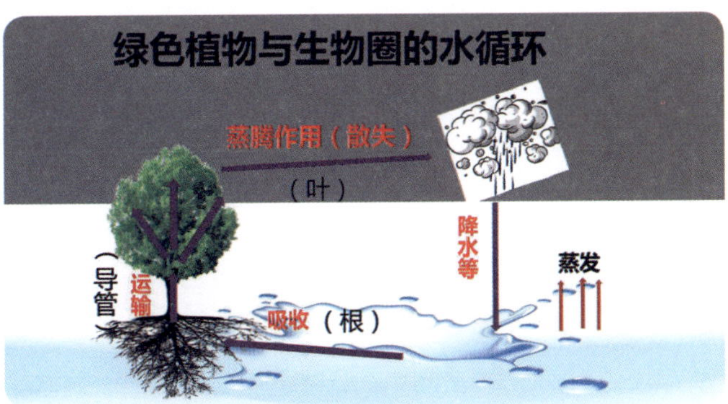

七 教学反思

本节课大胆引入新技术，“互联网 + 教育”的模式不仅为课堂增添了新鲜感，更重要的是提高了学生学习的兴趣，丰富了课堂内容。教师教得轻松，学生学得愉快，大大地提高了教学效率。

现代化信息技术的飞跃发展使得教育和信息技术已经合二为一，信息技术正在全面而深入地改变着教学的固有模式。作为新时代的人民教师，必须要努力学习新方法、新技术，跟上时代的步伐。

云课堂教学环境下信息技术学科与数学学科的融合

——《IF 函数的应用》云课堂教学案例

林春芳[1]

一 教学背景

（一）课时

1 课时。

（二）教学准备

教师：多媒体课件，请数学老师用数学方法计算 6、7、8、9 月份的电费。

学生：收集家庭 6、7、8、9 月份的水费、电费信息；平板电脑。

二 教学目标

1. 了解自家的用水情况，知道水费的计算标准，掌握 IF 函数的使用方法。

2. 会设计函数进行数据的处理，能综合运用数学知识、信息技术学科知识。

3. 形成小组自主学习意识、团结协作意识，提高学生对 Excel 表格中函数应用的兴趣。

① 重庆市南岸区茶园新城初级中学校

三 教材分析

《IF 函数的应用》是重大版《信息技术》七年级下册第二章第三节的内容。在云课堂教学环境中，用学生的平板电脑代替机房电脑在 Excel 表格中应用函数计算水费，体现了信息技术学科和数学学科的融合思想。教学设计难度较大，对老师、学生都是一次挑战。

四 教学重难点

IF 函数的设计及应用。

五 教学方法

任务驱动、小组合作。

六 教学过程

（一）案例背景

2017 年 12 月 27 日至 30 日是重庆市南岸区茶园新城初级中学校第二届教育教学开放周，作为南岸区首批云课堂示范学校，我校推出了两节云课堂观摩课——智慧教学云课堂（信息技术学科与数学学科的融合）、小蚂蚁云课堂（内外景直播）。活动邀请市、区教研员，学者、专家、同行前来观摩指导，下面就前种云课堂模式做简要的案例描述与分析。

（二）案例重要片段描述和分析

1. 课前准备工作

（1）以二维码的形式统计了 2020 级 11 班 53 位同学家 6、7、8、9 月份的水费、电费情况，并且设计了 4 个问题，利用 Smartclass 教师端软件的“拓展—发文件”功能，把全班统计的水费表格和 4 个问题发到每一个学生的平板电脑上。学生们进行预习，并且在学生的平板电脑上安装 WPS 办公软件用于水费函数的设计。

（2）数学课上提前解决如下 4 个问题。

水资源透支现象令人担忧，节约用水迫在眉睫。针对居民用水浪费现象，市政府制定了用水标准，规定每个家庭每个月用水量不超过 8 吨，按每立方米 3.5 元收费，超过 8 吨的部分，则按每立方米 4.2 元收费。

①分别算出自己家中 6、7、8、9 月份的水费，再算出总的水费。

②若某家庭某月用水量为 x 吨，则这个家庭在该月应缴纳的水费 w 为多少元?（用含 x 的代数式表示）

③每个家庭要把自己的总水费交到自来水公司，为了确保大家交的水费准确无误，自来水公司要把全班每位同学家中 6、7、8、9 月份的水费和总水费计算出来，工作量是相当大的，请同学们支招帮助自来水公司解决这个问题。

④请同学们运用数学知识，快速准确地计算出每一位同学家中 6、7、8、9 月份的水费和总水费。

2. 课中导入环节（信息技术学科）

教师安排部分同学模拟生活场景——自来水公司因为电脑软件坏了，用笔算的水费和同学们算的水费不一样而引发争论。后来软件修好了，矛盾自然也就化解了，从而引出课题“IF 函数的使用”。

3. 课中重要片段描述

教师向学生提问自来水公司如何用软件算出每一个家庭的用水费用。如果你是自来水公司的工作人员，你会如何算出每一个家庭的用水费用? 如果我们用数学思想来解决这个问题的话，应该如何处理? （展示 PPT，如图 1）根据数学课上老师给出的方法可知，要用分类讨论的思想，当 $x \leqslant 8$ 时，$w=3.5x$；当 $x>8$ 时，$w=3.5\times8+(x-8)\times4.2$（直接在黑板上展示数学公式）。

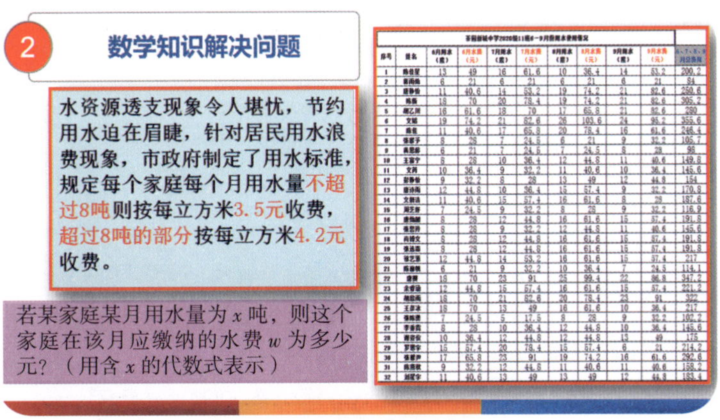

图 1 用数学知识解决问题

教师要求学生根据“Excel 格式要求 =IF（条件 1，结果 1，结果 2）（假设满足条件 1 时，返回结果 1 值；否则返回结果 2 值）”和“数学分类思想（当 $x \leqslant 8$ 时，$w=3.5x$；当 $x>8$ 时，$w=3.5\times8+(x-8)\times4.2$）”，在平板电脑上设计出第一位同学家水费的函数，即陈佳星家 6 月份的水费公式和总的水费公式。讨论几分钟后，请 4 个小组的代表到黑板上板书。此时此刻，4 个小组的答案五花八门，根本无法从数学思想过渡到 Excel 表格函数思想。有的写成“D3=IF(C3 < =8, 3.5 × C3, 3.5 × 8+（C3-8) × 4.2)”（不应该有 D3），有的写成“=IF (C3 < =8，“3.5 × C3”，“3.5 × 8+（C3-8）× 4.2)”（不应该有双引号）……

经过教师的分析（展示 PPT, 如图 2）：用 Smartclass 教师端软件的屏幕广播功能控制学生的平板电脑，用 PPT 展示正确的 IF 函数设计思想，应该是“=IF (C3 < =8，3.5 × C3，3.5 × 8+（C3-8）× 4.2)。

（1）数学思想中的未知数“x”就是表格中的“C3”。

（2）“$x \leqslant 8$”就相当于“C3<=8”；

（3）“$3.5x$”就相当于“3.5 × C3”；

（4）“$3.5\times8+(x-8)\times4.2$”就相当于“3.5 × 8+（C3-8）× 4.2”；

（5）“=IF（C3<=8,3.5 × C3,3.5 × 8+（C3-8）× 4.2）”。

当陈佳星家 6 月用水量（C3 表格中的数据）小于等于 8 吨时，水费直接就是 3.5 × 吨数（C3 表格中的数据）；如果大于 8 吨时，水费就是 8 吨的钱，即 3.5 × 8，再加上超出 8 吨的钱，即（C3-8）× 4.2（C3 表格中的数据）。“3.5 × 8+（C3-8）× 4.2”它的满足条件是“C3 大于 8 吨”，只不过此时的条件已经忽略了，它和“C3<=8”是互补关系或者对立关系。

只要设计出第一位同学家 6 月份水费的函数，根据 Excel 表格的属性，就可以

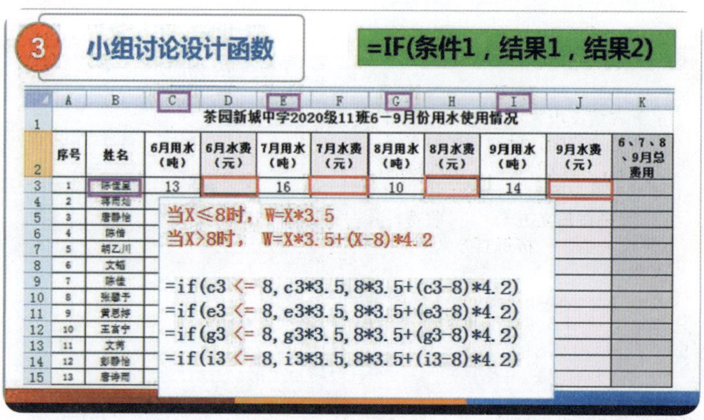

图 2 函数设计

算出其他同学家在 6、7、8、9 月份的水费和总水费（=C3+E3+G3+I3）。接着，学生在自己的平板电脑上打开 Excel 表格软件，输入刚才设计的函数。

七 教学反思

（一）教学设计反思

本堂课的教学设计从学生获取生活中的数据开始（家中的用水、用电情况）；再到数学课上计算自家的水费，并用分类讨论思想总结出全班水费的公式；接着在云课堂教学环境中，把数学课上的水费计算公式融合到平板电脑中 Excel 表格的 IF 函数设计理念中；最后从计算水费公式 IF 函数设计中的两个条件过渡到计算电费公式（如图 3），从而引出 IF 的嵌套函数理念，难度提升一级。整个教学设计条理清晰，在云课堂环境中很好地把信息技术学科和数学学科融合到一起，突显课题。

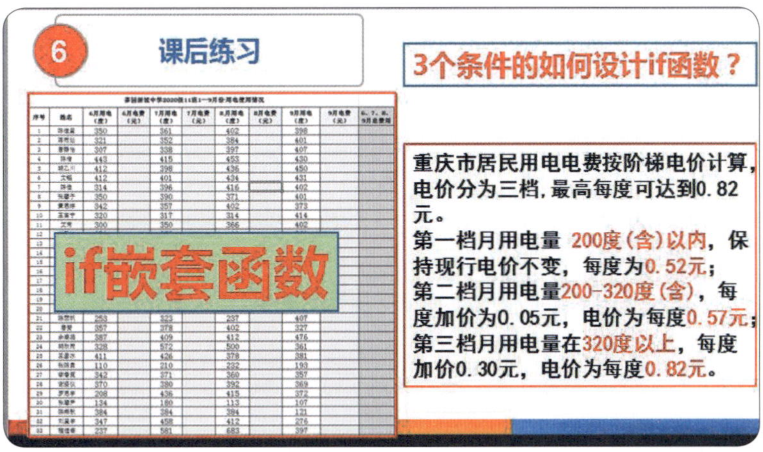

图 3 使用 IF 函数计算电费

（二）教学内容反思

由于学生人数较多，导入环节表演虽然精彩，但座位后排的同学看得不够清晰，应该录制成微视频，再在云课堂环境下用“屏幕广播”功能控制学生的平板电脑，那样每一个同学都可以清楚地看到视频。重难点没有把握好，应该先给 5 分钟的时间让全班学生在平板电脑上同时设计水费公式，再请几名同学到讲台上同时设计，一起琢磨从数学思想到程序思想的转换过程。这里应该作为重点强调，让学生认识到自己从数学思想到程序思想的转换过程，要突显云课堂教学环境下“自主、合作、探究”的学习方式转变和学科之间深度融合的过程。

（三）结束语

云课堂环境下的教学让信息技术学科和数学学科有了更深度的融合，体现了数字化课堂的理念。教师通过操作技术，逐渐探索以学习者为中心的教学，云课堂对技术装备、学科之间的专业知识融合、学生学习能力等方面的高要求无疑给云课堂的推广带来了新的挑战。教师必须不断地与时俱进，要有扎实的专业知识和过硬的信息技术知识，以此推进教育的变革、发展。

附件

重庆市教育信息技术与装备中心文件

渝教技装办〔2018〕38号

重庆市教育信息技术与装备中心
关于中小学校云课堂建设与应用的指导意见

各区县（自治县）教育信息技术与装备中心（站）：

为了认真贯彻落实教育部《教育信息化“十三五”规划》、《教育信息化2.0行动计划》和市教委《重庆市教育信息化“十三五”规划》、《重庆市智慧校园建设基本指南（试行）》、《关于促进信息技术与教育教学融合创新的指导意见》要求，进一步规范全市中小学校云课堂建设，加强云课堂教学应用模式探索、师生信息化素养培养、数字化教学模式创新，推进信息技术与课堂教育教学全面深度有效融合,创新引领，变革教与学方式，提高教育质量。现提出如下指导意见。

一、指导思想

全面贯彻党的十九大精神，以习近平新时代中国特色社会主义思想为指导，以教育信息化2.0为总缆，以“构建网络化、数字化、智能化、个性化、终身化的教育体系，建设‘人人皆学、处处能学、时时可学’的学习环境，探索‘互联网+教育’途径，培养大批创新人才”为发展方向，坚持“区域统筹、应用驱动、育人为本、以点带面、融合创新”的原则，围绕“以研促用、以用促建”的总体思路，创新数字化教学模式，开启以学生为中心的自主、探究、协作、互动式个性化学习，推进新技术、新理念、新模式、新媒体、新产品在课堂教学中的广泛应用，变革教与学方式，加快新一代信息技术与教育教学融合创新，落实立德树人根本任务，以教育信息化全面推动教育现代化，让每个孩子都能享有公平而有质量的教育。

二、建设内容及技术要求

云课堂是继传统教室、多媒体教室后的新型数字化、网络化、智能化教学环境，实现教学过程数据化、学习方式个性化、评价反馈实时化、交流互动多维化、资源推送智能化、教学决策精准化，变革传统课堂教学理念、结构与模式，构建起大数据时代“教、学、研、管、评”一体化的智慧化学习环境。云课堂建设主要包括无线网络、教室多媒体设备、教与学应用互动平台、移动学习终端、数字化教育资源及学习工具软件等建设内容。

（一）无线网络

各区县要推动本区县教育城域网的优化升级，接入重庆教育宽带网，加快中小学校“无线校园”建设，确保网络环境满足云课堂的部署及大规模应用。每间云课堂教室通过千兆及以上带宽有线接入，配置高并发高速率的无线路由交换设备，确保教室所有移动学习终端的稳定连接。WiFi 同时接入能力不少于该教室移动学习终端数，移动学习终端无线接入带宽不低于 8Mbps，保证每台移动学习终端的实时交互和流畅观看 1080P 视频，同时满足向所有移动学习终端同步推送多媒体教学资源的能力。

（二）教室多媒体设备

配套满足要求的交互式电子白板或大屏一体机，以及必要的高性能教学用计算机（或教师平板）、实物展示台和音响系统。有条件的学校还可配置多屏互动的教学环境。交互式电子白板或大屏一体机的尺寸、教学功能及教学资源要求按照《教育部关于发布<交互式电子白板>系列两项教育行业标准的通知》（教技〔2017〕6 号）要求执行。

（三）移动学习终端

移动学习终端可以是笔记本电脑、平板电脑或手机。兼顾方便携带、易用及屏幕大小，目前仍以平板电脑为主。平板尺寸不低于 8 英寸，屏幕分辨率不低于 1920 × 1200，存储不低于 2+16G，支持 802.11a/b/g/n/ac 双频（2.4GHz 和 5GHz），摄像头分辨率不低于 500 万像素，电池的使用时间不低于 8 个小时。性能上确保学段内能流畅访问教与学应用互动平台，流畅运行学习 APP，并能快速访问互联网。学习终端还应考虑防摔、视力保护、不良信息屏蔽、功能管控（如通过教师、家长对上网、学习 APP 等功能或模块的开关及使用时间进行授权）等功能。每间云课堂教室配备一台满足移动学习终端数量的智能充电柜。

（四）教与学应用互动平台

云课堂教与学应用互动平台应实现各区（县）、学校的有效对接，实现各项管理数据、教学行为数据与教育资源共享，能与智慧校园应用平台实现数据对接。互动平台还应兼容不同移动学习终端的教学应用，全面支持学生课前、课中与课后的个性化学习，实时采集和记录学生学习行为与评测数据，帮助教师及时获取全面真实的学情分析，辅助教师调整教学设计和及时改进教学，为教师教学和学生学习提供精准化的指导与服务。平台包括但不限于以下功能：

1.备授课。师生教学空间管理，根据教师和学生的习惯提供个性化的资源服务；具备网络备课、微课制作、网络辅导等多种实用功能；满足学生的自主学习，提供有学习进度管理功能，支持不同平台教学终端的教学应用，实现家校互通。

2.记录与分析。记录教师教学历程与学生成长轨迹，有效管理学生各时期、各阶段及各环节的行为数据；具备可针对不同学生学习情况的提醒与分析功能；辅助教师及时调整教学策略，进行差异化教学。

3.教学互动。互动平台应当具备智能点名、发言提问、互动教学、屏幕广播、教学示范、文件传送、自主学习、主客观题管理、学情分析等功能，能够实现资源媒体的分层和个性化推送。帮助老师、学生及时掌握教学情况，有针对性地对学生进行学习引导。

4.教学评估。具备科学有效的教师教学评估和学生学习评估功能。

（五）教育资源及学习工具软件

1.数字化资源。数字化教与学资源是传统教材的电子化、延伸、拓展和补充，包括媒体素材（声音、图片、动画、视频等）、课件、微课、题库、网络课程、学习作品等。数字化资源应做到共建共享、丰富，并有效匹配章节（或知识点）和智能化推送。

2.教与学工具。教与学应用互动平台应能为教师的备课、授课、试题创建、作业批改、成绩分析、学习指导提供便捷、智能化的支持，从而提高教学效益，减轻教师负担。因此，互动平台应具有备授课工具、作业评测系统（含试题创建、智能组卷、作业发布、主客观题自动批改、错题本等）、数据分析系统（含学情分析、成绩分析、错题分析、知识点掌握情况分析）等。

三、保障措施

（一）加强统筹规划

云课堂是教育信息化发展趋势。各区县要把中小学校云课堂建设与应用纳入本地教育信息化整体建设发展规划及当年建设计划，作为智慧校园建设的重要组成内容，因地制宜，统筹安排，既体现超前性，引领发展，又要注重可行性，持续推进。同时，各区县和中小学校要结合本指导意见，坚持“适用、够用”原则，大胆创新，细化中小学云课堂建设规范、应用指导与督导评价，调整优化现有云课堂教学环境建设，不断加快更加完善、更加适合、更加可持续的中小学云课堂建设。

（二）注重创新应用

创新是推动云课堂教学应用的不竭动力。充分发挥云课堂优势，遵循规律，转变观念，打破传统教与学固定模式，重组教与学流程，融合创新，构建云课堂环境下课前、课中、课后的课堂教学新生态，形成课堂用、经常用、普遍用的信息化教学新常态，探索总结数字化教学新模式，真正实现教学手段、教学内容、教学方法、教学过程、教与学方式、教学模式和教学评价的变革，形成自主、探究、协作、互动式的个性化学习氛围环境，做到精准教学、消除学生学习差异，实现教育公平，整体提高教育教学质量。同时，加强试点示范，鼓励各校因地制宜、先行先试，广泛开展云课堂环境下教育教学探索实践，形成各具特色的信息化融合创新新经验。发挥典型示范带动作用，积极推广典型案例做法，形成以点带面、整体提升的良好局面。

（三）建立保障机制

建立健全机制是持续推进云课堂的重要保障。首先，建立工作领导小组，明确职责，落实任务，加强本区县和学校云课堂建设与应用的组织领导管理。其次，加大经费投入，要积极争取云课堂建设专项经费预算，量力而行，有序推进建设。吸引和鼓励社会各方投入参与云课堂教学环境建设，形成多元化投入格局。第三，强化督导考评，充分发挥督导考评的导向、激励、规范和保障作用，将云课堂建设与应用纳入本级督导考核体系，作为迈进教育信息化新时代标志、信息化水平提升、师生信息素养提高指标，列入区县、学校年度目标考核，纳入评先评优重要依据内容。

重庆市教育信息技术与装备中心

2018 年 5 月 29 日

重庆市教育信息技术与装备中心办公室　　2018 年 5 月 29 日印发